PREFACIO

La colección de guías de conversación para viajar "Todo irá bien" publicada por T&P Books está diseñada para personas que viajan al extranjero para turismo y negocios. Las guías contienen lo más importante - los elementos esenciales para una comunicación básica.Éste es un conjunto de frases imprescindibles para "sobrevivir" mientras está en el extranjero.

Esta guía de conversación le ayudará en la mayoría de los casos donde usted necesite pedir algo, conseguir direcciones, saber cuánto cuesta algo, etc. Puede también resolver situaciones difíciles de la comunicación donde los gestos no pueden ayudar.

Este libro contiene una gran cantidad de frases que han sido agrupadas según los temas más relevantes. Esta edición también incluye un pequeño vocabulario que contiene alrededor de 3.000 de las palabras más frecuentemente usadas.Otra sección de la guía proporciona un glosario gastronómico que le puede ayudar a pedir los alimentos en un restaurante o a comprar comestibles en la tienda.

Llévese la guía de conversación "Todo irá bien" en el camino y tendrá una insustituible compañera de viaje que le ayudará a salir de cualquier situación y le enseñará a no temer hablar con extranjeros.

TABLA DE CONTENIDOS

T&P Books Publishing

T&P Books Publishing

GUÍA DE CONVERSACIÓN

— ITALIANO —

Andrey Taranov

LAS PALABRAS Y LAS FRASES MÁS ÚTILES

Esta Guía de Conversación
contiene las frases y las
preguntas más comunes
necesitadas para una
comunicación básica
con extranjeros

T&P BOOKS

Guía de conversación + diccionario de 3000 palabras

Guía de conversación Español-Italiano y vocabulario temático de 3000 palabras

por Andrey Taranov

La colección de guías de conversación para viajar "Todo irá bien" publicada por T&P Books está diseñada para personas que viajan al extranjero para turismo y negocios. Las guías contienen lo más importante - los elementos esenciales para una comunicación básica. Éste es un conjunto de frases imprescindibles para "sobrevivir" mientras está en el extranjero.

Este libro también incluye un pequeño vocabulario temático que contiene alrededor de 3.000 de las palabras más frecuentemente usadas. Otra sección de la guía proporciona un glosario gastronómico que le puede ayudar a pedir los alimentos en un restaurante o a comprar comestibles en la tienda.

T&P Books Publishing
www.tpbooks.com

ISBN: 978-1-78492-658-8

Este libro está disponible en formato electrónico o de E-Book también.
Visite www.tpbooks.com o las librerías electrónicas más destacadas en la Red.

PRONUNCIACIÓN

T&P alfabeto fonético	Ejemplo italiano	Ejemplo español
[a]	**casco** ['kasko]	radio
[e]	**sfera** ['sfera]	verano
[i]	**filo** ['filo]	ilegal
[o]	**dolce** ['doltʃe]	bordado
[u]	**siluro** [si'luro]	mundo
[y]	**würstel** ['vyrstel]	pluma
[b]	**busta** ['busta]	en barco
[d]	**andare** [an'dare]	desierto
[ʣ]	**zinco** ['ʣinko]	inglés kids
[ʤ]	**Norvegia** [nor'veʤa]	jazz
[ʒ]	**garage** [ga'raʒ]	adyacente
[f]	**ferrovia** [ferro'via]	golf
[g]	**ago** ['ago]	jugada
[k]	**cocktail** ['koktejl]	charco
[j]	**piazza** ['pjattsa]	asiento
[l]	**olive** [o'live]	lira
[ʎ]	**figlio** ['fiʎʎo]	lágrima
[m]	**mosaico** [mo'zaiko]	nombre
[n]	**treno** ['treno]	número
[ŋ]	**granchio** ['graŋkio]	manga
[ɲ]	**magnete** [ma'ɲete]	leña
[p]	**pallone** [pal'lone]	precio
[r]	**futuro** [fu'turo]	era, alfombra
[s]	**triste** ['triste]	salva
[ʃ]	**piscina** [pi'ʃina]	shopping
[t]	**estintore** [estin'tore]	torre
[ts]	**spezie** ['spetsie]	tsunami
[ʧ]	**lancia** ['lanʧa]	mapache
[v]	**volo** ['volo]	travieso
[w]	**whisky** ['wiski]	acuerdo
[z]	**deserto** [de'zerto]	desde

LISTA DE ABREVIATURAS

Abreviatura en español

adj	-	adjetivo
adv	-	adverbio
anim.	-	animado
conj	-	conjunción
etc.	-	etcétera
f	-	sustantivo femenino
f pl	-	femenino plural
fam.	-	uso familiar
fem.	-	femenino
form.	-	uso formal
inanim.	-	inanimado
innum.	-	innumerable
m	-	sustantivo masculino
m pl	-	masculino plural
m, f	-	masculino, femenino
masc.	-	masculino
mat	-	matemáticas
mil.	-	militar
num.	-	numerable
p.ej.	-	por ejemplo
pl	-	plural
pron	-	pronombre
sg	-	singular
v aux	-	verbo auxiliar
vi	-	verbo intransitivo
vi, vt	-	verbo intransitivo, verbo transitivo
vr	-	verbo reflexivo
vt	-	verbo transitivo

Abreviatura en italiano

agg	-	adjetivo
f	-	sustantivo femenino
f pl	-	femenino plural
m	-	sustantivo masculino
m pl	-	masculino plural

m, f	-	masculino, femenino
pl	-	plural
v aus	-	verbo auxiliar
vi	-	verbo intransitivo
vi, vt	-	verbo intransitivo, verbo transitivo
vr	-	verbo reflexivo
vt	-	verbo transitivo

T&P BOOKS

GUÍA DE CONVERSACIÓN ITALIANO

Esta sección contiene frases
importantes que pueden
resultar útiles en varias
situaciones de la vida real.
La Guía le ayudará a pedir
direcciones, aclaración
sobre precio, comprar billetes,
y pedir alimentos en un
restaurante

T&P Books Publishing

CONTENIDO DE LA GUÍA DE CONVERSACIÓN

T&P Books Publishing

Perdone, …	**Mi scusi, …** [mi 'skuzi, …]
Hola.	**Buongiorno.** [buon'dʒorno]
Gracias.	**Grazie.** [gratsie]
Sí.	**Sì.** [si]
No.	**No.** [no]
No lo sé.	**Non lo so.** [non lo so]
¿Dónde? | ¿A dónde? | ¿Cuándo?	**Dove? | Dove? | Quando?** [dove? | 'dove? | 'kwando?]
Necesito …	**Ho bisogno di …** [o bi'zoɲo di …]
Quiero …	**Voglio …** [voʎʎo …]
¿Tiene …?	**Avete …?** [a'vete …?]
¿Hay … por aquí?	**C'è un /una/ … qui?** [ʧe un /'una/ … kwi?]
¿Puedo …?	**Posso …?** [posso …?]
…, por favor? (petición educada)	**per favore** [per fa'vore]
Busco …	**Sto cercando …** [sto ʧer'kando …]
el servicio	**bagno** [baɲo]
un cajero automático	**bancomat** [bankomat]
una farmacia	**farmacia** [farma'ʧija]
el hospital	**ospedale** [ospe'dale]
la comisaría	**stazione di polizia** [sta'tsjone di poli'tsia]
el metro	**metropolitana** [metropoli'tana]

un taxi	**taxi**
	['taksi]
la estación de tren	**stazione**
	[sta'tsjone]

Me llamo …	**Mi chiamo …**
	[mi 'kjamo …]
¿Cómo se llama?	**Come si chiama?**
	[kome si 'kjama?]
¿Puede ayudarme, por favor?	**Mi può aiutare, per favore?**
	[mi pu'o aju'tare, per fa'vore?]
Tengo un problema.	**Ho un problema.**
	[o un pro'blema]
Me encuentro mal.	**Mi sento male.**
	[mi 'sento 'male]
¡Llame a una ambulancia!	**Chiamate l'ambulanza!**
	[kja'mate lambu'lantsa!]
¿Puedo llamar, por favor?	**Posso fare una telefonata?**
	[posso 'fare 'una telefo'nata?]

Lo siento.	**Mi dispiace.**
	[mi dis'pjatʃe]
De nada.	**Prego.**
	[prego]

Yo	**io**
	[io]
tú	**tu**
	[tu]
él	**lui**
	[lui]
ella	**lei**
	['lei]
ellos	**loro**
	[loro]
ellas	**loro**
	[loro]
nosotros /nosotras/	**noi**
	[noi]
ustedes, vosotros	**voi**
	[voi]
usted	**Lei**
	['lei]

ENTRADA	**ENTRATA**
	[en'trata]
SALIDA	**USCITA**
	[u'ʃita]
FUERA DE SERVICIO	**FUORI SERVIZIO**
	[fu'ori ser'vitsio]
CERRADO	**CHIUSO**
	[kjuzo]

ABIERTO	**APERTO** [a'perto]
PARA SEÑORAS	**DONNE** [donne]
PARA CABALLEROS	**UOMINI** [u'omini]

Preguntas

¿Dónde?	**Dove?** [dove?]
¿A dónde?	**Dove?** [dove?]
¿De dónde?	**Da dove?** [da 'dove?]
¿Por qué?	**Perché?** [per'ke?]
¿Con que razón?	**Perché?** [per'ke?]
¿Cuándo?	**Quando?** [kwando?]
¿Cuánto tiempo?	**Per quanto tempo?** [per 'kwanto 'tempo?]
¿A qué hora?	**A che ora?** [a ke 'ora?]
¿Cuánto?	**Quanto?** [kwanto?]
¿Tiene ...?	**Avete ...?** [a'vete ...?]
¿Dónde está ...?	**Dov'è ...?** [dov'e ...?]
¿Qué hora es?	**Che ore sono?** [ke 'ore 'sono?]
¿Puedo llamar, por favor?	**Posso fare una telefonata?** [posso 'fare 'una telefo'nata?]
¿Quién es?	**Chi è?** [ki 'e?]
¿Se puede fumar aquí?	**Si può fumare qui?** [si pu'o fu'mare kwi?]
¿Puedo ...?	**Posso ...?** [posso ...?]

Necesidades

Quisiera …	**Vorrei …** [vor'rej …]
No quiero …	**Non voglio …** [non 'voλλo …]
Tengo sed.	**Ho sete.** [o 'sete]
Tengo sueño.	**Ho sonno.** [o 'sonno]
Quiero …	**Voglio …** [voλλo …]
lavarme	**lavarmi** [la'varmi]
cepillarme los dientes	**lavare i denti** [la'vare i 'denti]
descansar un momento	**riposae un po'** [ripo'zae un 'po]
cambiarme de ropa	**cambiare i vestiti** [kam'bjare i ve'stiti]
volver al hotel	**tornare in albergo** [tor'nare in al'bergo]
comprar …	**comprare …** [kom'prare …]
ir a …	**andare a …** [an'dare a …]
visitar …	**visitare …** [vizi'tare …]
quedar con …	**incontrare …** [inkon'trare …]
hacer una llamada	**fare una telefonata** [fare 'una telefo'nata]
Estoy cansado /cansada/.	**Sono stanco /stanca/.** [sono 'stanko /'stanka/]
Estamos cansados /cansadas/.	**Siamo stanchi.** [sjamo 'staŋki]
Tengo frío.	**Ho freddo.** [o 'freddo]
Tengo calor.	**Ho caldo.** [o 'kaldo]
Estoy bien.	**Sto bene.** [sto 'bene]

Tengo que hacer una llamada.

Devo fare una telefonata.
[devo 'fare 'una telefo'nata]

Necesito ir al servicio.

Devo andare in bagno.
[devo an'dare in 'baɲo]

Me tengo que ir.

Devo andare.
[devo an'dare]

Me tengo que ir ahora.

Devo andare adesso.
[devo an'dare a'desso]

Preguntar por direcciones

Perdone, …	**Mi scusi, …** [mi 'skuzi, …]
¿Dónde está …?	**Dove si trova …?** [dove si 'trova …?]
¿Por dónde está …?	**Da che parte è …?** [da ke 'parte e …?]
¿Puede ayudarme, por favor?	**Mi può aiutare, per favore?** [mi pu'o aju'tare, per fa'vore?]

Busco …	**Sto cercando …** [sto tʃer'kando …]
Busco la salida.	**Sto cercando l'uscita.** [sto tʃer'kando lu'ʃita]
Voy a …	**Sto andando a …** [sto an'dando a …]
¿Voy bien por aquí para …?	**Sto andando nella direzione giusta per …?** [sto an'dando 'nella dire'tsjone 'dʒusta per …?]

¿Está lejos?	**E' lontano?** [e lon'tano?]
¿Puedo llegar a pie?	**Posso andarci a piedi?** [posso an'darsi a 'pjedi?]
¿Puede mostrarme en el mapa?	**Può mostrarmi sulla piantina?** [pu'o mo'strarmi 'sulla pjan'tina?]
Por favor muestreme dónde estamos.	**Può mostrarmi dove ci troviamo?** [puo mo'strarmi 'dove tʃi tro'vjamo]

Aquí	**Qui** [kwi]
Allí	**Là** [la]
Por aquí	**Da questa parte** [da 'kwesto 'parte]

Gire a la derecha.	**Giri a destra.** [dʒiri a 'destra]
Gire a la izquierda.	**Giri a sinistra.** ['dʒiri a si'nistra]

la primera (segunda, tercera) calle

La prima (la seconda, la terza) strada
[la 'prima (la se'konda, la 'tertsa) 'strada]

a la derecha

a destra
[a 'destra]

a la izquierda

a sinistra
[a si'nistra]

Siga recto.

Vada sempre dritto.
[vada 'sempre 'dritto]

Carteles

¡BIENVENIDO!	**BENVENUTO!** [benve'nuto!]
ENTRADA	**ENTRATA** [en'trata]
SALIDA	**USCITA** [u'ʃita]
EMPUJAR	**SPINGERE** [spindʒere]
TIRAR	**TIRARE** [ti'rare]
ABIERTO	**APERTO** [a'perto]
CERRADO	**CHIUSO** [kjuzo]
PARA SEÑORAS	**DONNE** [donne]
PARA CABALLEROS	**UOMINI** [u'omini]
CABALLEROS	**BAGNO UOMINI** [baɲo u'omini]
SEÑORAS	**BAGNO DONNE** [baɲo 'donne]
REBAJAS	**SCONTI** [skonti]
VENTA	**IN SALDO** [saldi]
GRATIS	**GRATIS** ['gratis]
¡NUEVO!	**NOVITÀ!** [novi'ta!]
ATENCIÓN	**ATTENZIONE!** [atten'tsjone!]
COMPLETO	**COMPLETO** [kom'pleto]
RESERVADO	**RISERVATO** [rizer'vato]
ADMINISTRACIÓN	**AMMINISTRAZIONE** [amministra'tsjone]
SÓLO PERSONAL AUTORIZADO	**RISERVATO AL PERSONALE** [rizer'vato al perso'nale]

CUIDADO CON EL PERRO

ATTENTI AL CANE!
[at'tenti al 'kane]

NO FUMAR

VIETATO FUMARE
[vje'tato fu'mare]

NO TOCAR

NON TOCCARE
[non tok'kare]

PELIGROSO

PERICOLOSO
[periko'lozo]

PELIGRO

PERICOLO
[pe'rikolo]

ALTA TENSIÓN

ALTA TENSIONE
[alta ten'sjone]

PROHIBIDO BAÑARSE

DIVIETO DI BALNEAZIONE
[di'vjeto di balnea'tsjone]

FUERA DE SERVICIO

FUORI SERVIZIO
[fu'ori ser'vitsio]

INFLAMABLE

INFIAMMABILE
[infjam'mabile]

PROHIBIDO

VIETATO
[vje'tato]

PROHIBIDO EL PASO

VIETATO L'ACCESSO
[vje'tato la'tʃesso]

RECIÉN PINTADO

PITTURA FRESCA
[pitt'ura 'freska]

CERRADO POR RENOVACIÓN

CHIUSO PER RESTAURO
[kjuzo per res'tauro]

EN OBRAS

LAVORI IN CORSO
[la'vori in 'korso]

DESVÍO

DEVIAZIONE
[devia'tsjone]

Transporte. Frases generales

el avión	**aereo** [a'ereo]
el tren	**treno** [treno]
el bus	**autobus** [autobus]
el ferry	**traghetto** [tra'getto]
el taxi	**taxi** ['taksi]
el coche	**macchina** ['makkina]
el horario	**orario** [o'rario]
¿Dónde puedo ver el horario?	**Dove posso vedere l'orario?** [dove 'posso ve'dere lo'rario?]
días laborables	**giorni feriali** [dʒorni fe'rjali]
fines de semana	**sabato e domenica** [sabato e do'menika]
días festivos	**giorni festivi** [dʒorni fe'stivi]
SALIDA	**PARTENZA** [par'tentsa]
LLEGADA	**ARRIVO** [ar'rivo]
RETRASADO	**IN RITARDO** [in ri'tardo]
CANCELADO	**CANCELLATO** [kantʃelllato]
siguiente (tren, etc.)	**il prossimo** [il 'prossimo]
primero	**il primo** [il 'primo]
último	**l'ultimo** [lultimo]
¿Cuándo pasa el siguiente …?	**Quando è il prossimo …?** [kwando e il 'prossimo …?]
¿Cuándo pasa el primer …?	**Quando è il primo …?** [kwando e il 'primo …?]

¿Cuándo pasa el último ...? **Quando è l'ultimo ...?**
[kwando e 'lultimo ...?]

el trasbordo (cambio de trenes, etc.) **scalo**
[skalo]

hacer un trasbordo **effettuare uno scalo**
[efettu'are 'uno 'skalo]

¿Tengo que hacer un trasbordo? **Devo cambiare?**
[devo kam'bjare?]

Comprar billetes

¿Dónde puedo comprar un billete?	**Dove posso comprare i biglietti?** [dove 'posso kom'prare i biʎ'ʎeti?]
el billete	**biglietto** [biʎ'ʎetto]
comprar un billete	**comprare un biglietto** [kom'prare un biʎ'ʎetto]
precio del billete	**il prezzo del biglietto** [il 'prettso del biʎ'ʎetto]
¿Para dónde?	**Dove?** [dove?]
¿A qué estación?	**In quale stazione?** [in 'kwale sta'tsjone?]
Necesito …	**Avrei bisogno di …** [av'rej bi'zoɲo di …]
un billete	**un biglietto** [un biʎ'ʎetto]
dos billetes	**due biglietti** [due biʎ'ʎeti]
tres billetes	**tre biglietti** [tre biʎ'ʎeti]
sólo ida	**solo andata** [solo an'data]
ida y vuelta	**andata e ritorno** [an'data e ri'torno]
en primera (primera clase)	**prima classe** [prima 'klasse]
en segunda (segunda clase)	**seconda classe** [se'konda 'klasse]
hoy	**oggi** [oʤi]
mañana	**domani** [do'mani]
pasado mañana	**dopodomani** [dopodo'mani]
por la mañana	**la mattina** [la mat'tina]
por la tarde	**nel pomeriggio** [nel pome'riʤo]
por la noche	**la sera** [la 'sera]

asiento de pasillo

posto lato corridoio
[posto 'lato korri'dojo]

asiento de ventanilla

posto lato finestrino
[posto 'lato fine'strino]

¿Cuánto cuesta?

Quanto?
[kwanto?]

¿Puedo pagar con tarjeta?

Posso pagare con la carta di credito?
[posso pa'gare kon la 'karta di 'kredito?]

Autobús

el autobús	**autobus** [autobus]
el autobús interurbano	**autobus interurbano** [autobus interur'bano]
la parada de autobús	**fermata dell'autobus** [fer'mata dell 'autobus]
¿Dónde está la parada de autobuses más cercana?	**Dov'è la fermata dell'autobus più vicina?** [dov'e la fer'mata dell 'autobus pju vi'tʃina?]
número	**numero** [numero]
¿Qué autobús tengo que tomar para ...?	**Quale autobus devo prendere per andare a ...?** [kwale 'autobus 'devo 'prendere per an'dare a ...?]
¿Este autobús va a ...?	**Questo autobus va a ...?** [kwesto 'autobus va a ...?]
¿Cada cuanto pasa el autobús?	**Qual'è la frequenza delle corse degli autobus?** [kwal e la fre'kwentsa 'delle 'korse 'deʎʎi 'autobus?]
cada 15 minutos	**ogni quindici minuti** [oɲi 'kwinditʃi mi'nuti]
cada media hora	**ogni mezzora** [oɲi med'dzora]
cada hora	**ogni ora** [oɲi 'ora]
varias veces al día	**più a volte al giorno** [pju a 'volte al 'dʒorno]
… veces al día	**… volte al giorno** [… 'volte al 'dʒorno]
el horario	**orario** [o'rario]
¿Dónde puedo ver el horario?	**Dove posso vedere l'orario?** [dove 'posso ve'dere lo'rario?]
¿Cuándo pasa el siguiente autobús?	**Quando passa il prossimo autobus?** [kwando 'passa il 'prossimo 'autobus?]
¿Cuándo pasa el primer autobús?	**A che ora è il primo autobus?** [a ke 'ora e il 'primo 'autobus?]
¿Cuándo pasa el último autobús?	**A che ora è l'ultimo autobus?** [a ke 'ora e 'lultimo 'autobus?]

la parada	**fermata** [fer'mata]
la siguiente parada	**prossima fermata** [prossima fer'mata]
la última parada	**ultima fermata** [ultima fer'mata]
Pare aquí, por favor.	**Può fermarsi qui, per favore.** [pu'o fer'marsi kwi, per fa'vore]
Perdone, esta es mi parada.	**Mi scusi, questa è la mia fermata.** [mi 'skuzi, 'kwesta e la 'mia fer'mata]

Tren

el tren	**treno** [treno]
el tren de cercanías	**treno locale** [treno lo'kale]
el tren de larga distancia	**treno a lunga percorrenza** [treno a 'lunga perkor'rentsa]
la estación de tren	**stazione** [sta'tsjone]
Perdone, ¿dónde está la salida al anden?	**Mi scusi, dov'è l'uscita per il binario?** [mi 'skuzi, dov'e lu'ʃita per il binario?]
¿Este tren va a …?	**Questo treno va a …?** [kwesto 'treno va a …?]
el siguiente tren	**il prossimo treno** [il 'prossimo 'treno]
¿Cuándo pasa el siguiente tren?	**Quando è il prossimo treno?** [kwando e il 'prossimo 'treno?]
¿Dónde puedo ver el horario?	**Dove posso vedere l'orario?** [dove 'posso ve'dere lo'rario?]
¿De qué andén?	**Da quale binario?** [da 'kwale bi'nario?]
¿Cuándo llega el tren a …?	**Quando il treno arriva a … ?** [kwando il 'treno ar'riva a …?]
Ayudeme, por favor.	**Mi può aiutare, per favore.** [mi pu'o aju'tare, per fa'vore]
Busco mi asiento.	**Sto cercando il mio posto.** [sto tʃer'kando il 'mio 'posto]
Buscamos nuestros asientos.	**Stiamo cercando i nostri posti.** [stjamo tʃer'kando i 'nostri 'posti]
Mi asiento está ocupado.	**Il mio posto è occupato.** [il 'mio 'posto e okku'pato]
Nuestros asientos están ocupados.	**I nostri posti sono occupati.** [i 'nostri 'posti 'sono okku'pati]
Perdone, pero ese es mi asiento.	**Mi scusi, ma questo è il mio posto.** [mi 'skwzi, ma 'kwesto e il 'mio 'posto]
¿Está libre?	**E' occupato?** [e okku'pato?]
¿Puedo sentarme aquí?	**Posso sedermi qui?** [posso se'dermi kwi?]

En el tren. Diálogo (Sin billete)

Su billete, por favor.

Biglietto per favore.
[biʎˈʎetto per faˈvore]

No tengo billete.

Non ho il biglietto.
[non 'o il biʎˈʎetto]

He perdido mi billete.

Ho perso il biglietto.
[o ˈperso il biʎˈʎetto]

He olvidado mi billete en casa.

Ho dimenticato il biglietto a casa.
[o dimentiˈkato il biʎˈʎetto a ˈkaza]

Le puedo vender un billete.

Può acquistare il biglietto da me.
[puˈo akwiˈstare il biʎˈʎetto da ˈme]

También deberá pagar una multa.

Deve anche pagare una multa.
[deve ˈaŋke paˈgare ˈuna ˈmulta]

Vale.

Va bene.
[va ˈbene]

¿A dónde va usted?

Dove va?
[dove va?]

Voy a …

Vado a …
[vado a …]

¿Cuánto es? No lo entiendo.

Quanto? Non capisco.
[kwanto? non kaˈpisko]

Escríbalo, por favor.

Lo può scrivere, per favore?
[lo puˈo ˈskrivere, per faˈvore]

Vale. ¿Puedo pagar con tarjeta?

D'accordo. Posso pagare con la carta di credito?
[dakˈkordo. ˈposso paˈgare kon la ˈkarta di ˈkredito?]

Sí, puede.

Si.
[si]

Aquí está su recibo.

Ecco la sua ricevuta.
[ekko la ˈsua ritʃeˈvuta]

Disculpe por la multa.

Mi dispiace per la multa.
[mi disˈpjatʃe per la ˈmulta]

No pasa nada. Fue culpa mía.

Va bene così. È stata colpa mia.
[va ˈbene koˈsi. e ˈstata ˈkolpa ˈmia]

Disfrute su viaje.

Buon viaggio.
[buˈon ˈvjadʒo]

Taxi

taxi

taxista

coger un taxi

parada de taxis

¿Dónde puedo coger un taxi?

llamar a un taxi

Necesito un taxi.

Ahora mismo.

¿Cuál es su dirección?

Mi dirección es …

¿Cuál es el destino?

Perdone, …

¿Está libre?

¿Cuánto cuesta ir a …?

¿Sabe usted dónde está?

Al aeropuerto, por favor.

Pare aquí, por favor.

No es aquí.

La dirección no es correcta.

Gire a la izquierda.

Gire a la derecha.

taxi
['taksi]

tassista
[tas'sista]

prendere un taxi
[prendere un 'taksi]

posteggio taxi
[pos'tedʒo 'taksi]

Dove posso prendere un taxi?
[dove 'posso 'prendere un 'taksi?]

chiamare un taxi
[kja'mare un 'taksi]

Ho bisogno di un taxi.
[o bi'zoɲo di un 'taksi]

Adesso.
[a'desso]

Qual'è il suo indirizzo?
[kwal e il 'suo indi'rittso?]

Il mio indirizzo è …
[il 'mio indi'rittso e …]

La sua destinazione?
[la 'sua destina'tsjone?]

Mi scusi, …
[mi 'skuzi, …]

E' libero?
[e 'libero?]

Quanto costa andare a …?
[kwanto 'kosta an'dare a …?]

Sapete dove si trova?
[sa'pete 'dove si 'trova?]

All'aeroporto, per favore.
[all aero'porto, per fa'vore]

Si fermi qui, per favore.
[si 'fermi kwi, per fa'vore]

Non è qui.
[non e kwi]

È l'indirizzo sbagliato.
[e lindi'rittso zbaʎ'ʎato]

Giri a sinistra.
[dʒiri a si'nistra]

Giri a destra.
[dʒiri a 'destra]

¿Cuánto le debo?	**Quanto le devo?** [kwanto le 'devo?]
¿Me da un recibo, por favor?	**Potrei avere una ricevuta, per favore.** [po'trej a'vere 'una ritʃe'vuta, per fa'vore]
Quédese con el cambio.	**Tenga il resto.** [tenga il 'resto]

Espéreme, por favor.	**Può aspettarmi, per favore?** [pu'o aspe'tarmi, per fa'vore?]
cinco minutos	**cinque minuti** [tʃinkwe mi'nuti]
diez minutos	**dieci minuti** ['djetʃi mi'nuti]
quince minutos	**quindici minuti** [kwinditʃi mi'nuti]
veinte minutos	**venti minuti** [venti mi'nuti]
media hora	**mezzora** [med'dzora]

Hotel

Hola.	**Salve.** [salve]
Me llamo …	**Mi chiamo …** [mi 'kjamo …]
Tengo una reserva.	**Ho prenotato una camera.** [o preno'tato 'una 'kamera]
Necesito …	**Ho bisogno di …** [o bi'zoɲo di …]
una habitación individual	**una camera singola** [una 'kamera 'singola]
una habitación doble	**una camera doppia** [una 'kamera 'doppia]
¿Cuánto cuesta?	**Quanto costa questo?** [kwanto 'kosta 'kwesto?]
Es un poco caro.	**È un po' caro.** [e un 'po 'karo]
¿Tiene alguna más?	**Avete qualcos'altro?** [a'vete kwal'koz 'altro?]
Me quedo.	**La prendo.** [la 'prendo]
Pagaré en efectivo.	**Pago in contanti.** [pago in kon'tanti]
Tengo un problema.	**Ho un problema.** [o un pro'blema]
Mi … no funciona.	**Il mio … è rotto /La mia … è rotta/** [il 'mio … e 'rotto /la 'mia … e 'rotta/]
Mi … está fuera de servicio.	**Il mio /La mia/ … è fuori servizio.** [il 'mio /la 'mia/ … e fu'ori ser'vitsio]
televisión	**televisore** [televi'zore]
aire acondicionado	**condizionatore** [konditsiona'tore]
grifo	**rubinetto** [rubi'netto]
ducha	**doccia** [dotʃa]
lavabo	**lavandino** [lavan'dino]
caja fuerte	**cassa forte** [kassa 'forte]

cerradura	**serratura** [serra'tura]
enchufe	**presa elettrica** [preza e'lettrika]
secador de pelo	**asciugacapelli** [aʃuga·ka'pelli]

No tengo …	**Non ho …** [non o …]
agua	**l'acqua** [lakwa]
luz	**la luce** [la 'lutʃe]
electricidad	**l'elettricità** [leletritʃi'ta]

¿Me puede dar …?	**Può darmi …?** [pu'o 'darmi …?]
una toalla	**un asciugamano** [un aʃuga'mano]
una sábana	**una coperta** [una ko'perta]
unas chanclas	**delle pantofole** [delle pan'tofole]
un albornoz	**un accappatoio** [un akkappa'tojo]
un champú	**dello shampoo** [dello 'ʃampo]
jabón	**del sapone** [del sa'pone]

Quisiera cambiar de habitación.	**Vorrei cambiare la camera.** [vor'rej kam'bjare la 'kamera]
No puedo encontrar mi llave.	**Non trovo la chiave.** [non 'trovo la 'kjave]
Por favor abra mi habitación.	**Potrebbe aprire la mia camera, per favore?** [po'trebbe a'prire la mia 'kamera, per fa'vore?]
¿Quién es?	**Chi è?** [ki 'e?]
¡Entre!	**Avanti!** [a'vanti!]
¡Un momento!	**Un attimo!** [un 'attimo!]

Ahora no, por favor.	**Non adesso, per favore.** [non a'desso, per fa'vore]
Venga a mi habitación, por favor.	**Può venire nella mia camera, per favore.** [pu'o ve'nire 'nella 'mia 'kamera, per fa'vore]

Quisiera hacer un pedido.

Vorrei ordinare qualcosa da mangiare.
[vor'rej ordi'nare kwal'koza da man'dʒare]

Mi número de habitación es …

Il mio numero di camera è …
[il 'mio 'numero di 'kamera e …]

Me voy …

Parto …
[parto …]

Nos vamos …

Partiamo …
[par'tjamo …]

Ahora mismo

adesso
[a'desso]

esta tarde

questo pomeriggio
[kwesto pome'ridʒo]

esta noche

stasera
[sta'sera]

mañana

domani
[do'mani]

mañana por la mañana

domani mattina
[do'mani mat'tina]

mañana por la noche

domani sera
[do'mani 'sera]

pasado mañana

dopodomani
[dopodo'mani]

Quisiera pagar la cuenta.

Vorrei pagare.
[vor'rej sal'dare il 'konto]

Todo ha estado estupendo.

È stato tutto magnifico.
[e 'stato 'tutto ma'ɲifiko]

¿Dónde puedo coger un taxi?

Dove posso prendere un taxi?
[dove 'posso 'prendere un 'taksi?]

¿Puede llamarme un taxi, por favor?

Potrebbe chiamarmi un taxi, per favore?
[po'trebbe kja'marmi un 'taksi, per fa'vore?]

Restaurante

¿Puedo ver el menú, por favor?

Posso vedere il menù, per favore?
[posso ve'dere il me'nu, per fa'vore?]

Mesa para uno.

Un tavolo per una persona.
[un 'tavolo per 'uno per'sona]

Somos dos (tres, cuatro).

Siamo in due (tre, quattro).
[sjamo in 'due (tre, 'kwattro)]

Para fumadores

Fumatori
[fuma'tori]

Para no fumadores

Non fumatori
[non fuma'tori]

¡Por favor! (llamar al camarero)

Mi scusi!
[mi 'skuzi!]

la carta

il menù
[il me'nu]

la carta de vinos

la lista dei vini
[la 'lista 'dei 'vini]

La carta, por favor.

Posso avere il menù, per favore.
[posso a'vere il me'nu, per fa'vore]

¿Está listo para pedir?

È pronto per ordinare?
[e 'pronto per ordi'nare?]

¿Qué quieren pedir?

Cosa gradisce?
[koza gra'diʃe?]

Yo quiero …

Prendo …
[prendo …]

Soy vegetariano.

Sono vegetariano /vegetariana/.
[sono vedʒeta'rjano /vedʒeta'rjana/]

carne

carne
[karne]

pescado

pesce
[peʃe]

verduras

verdure
[ver'dure]

¿Tiene platos para vegetarianos?

Avete dei piatti vegetariani?
[a'vete 'dei 'pjatti vedʒeta'rjani?]

No como cerdo.

Non mangio carne di maiale.
[non 'mandʒo 'karne di ma'jale]

Él /Ella/ no come carne.

Lui /lei/ non mangia la carne.
[lui /'lei/ non 'mandʒa la 'karne]

Soy alérgico a …

Sono allergico a …
[sono al'lerdʒiko a …]

¿Me puede traer ..., por favor?	**Potrebbe portarmi ...** [po'trebbe por'tarmi ...]
sal | pimienta | azúcar	**del sale | del pepe | dello zucchero** [del 'sale | del 'pepe | 'dello 'tsukkero]
café | té | postre	**un caffè | un tè | un dolce** [un ka'fe | un te | un 'doltʃe]
agua | con gas | sin gas	**dell'acqua | frizzante | naturale** [dell 'akwa | frid'dzante | natu'rale]
una cuchara | un tenedor | un cuchillo	**un cucchiaio | una forchetta | un coltello** [un kuk'kjajo | una for'ketta | un kol'tello]
un plato | una servilleta	**un piatto | un tovagliolo** [un 'pjatto | un tovaʎ'ʎolo]

¡Buen provecho!	**Buon appetito!** [bu'on appe'tito!]
Uno más, por favor.	**Un altro, per favore.** [un 'altro, per fa'vore]
Estaba delicioso.	**È stato squisito.** [e 'stato skwi'zito]

la cuenta | el cambio | la propina	**il conto | il resto | la mancia** [il 'konto | il 'resto | la 'mantʃa]
La cuenta, por favor.	**Il conto, per favore.** [il 'konto, per fa'vore]
¿Puedo pagar con tarjeta?	**Posso pagare con la carta di credito?** [posso pa'gare kon la 'karta di 'kredito?]
Perdone, aquí hay un error.	**Mi scusi, c'è un errore.** [mi 'skuzi, tʃe un er'rore]

De Compras

¿Puedo ayudarle?
Posso aiutarla?
[posso aju'tarla?]

¿Tiene ...?
Avete ...?
[a'vete ...?]

Busco ...
Sto cercando ...
[sto tʃer'kando ...]

Necesito ...
Ho bisogno di ...
[o bi'zoɲo di ...]

Sólo estoy mirando.
Sto guardando.
[sto gwar'dando]

Sólo estamos mirando.
Stiamo guardando.
[stjamo gwar'dando]

Volveré más tarde.
Ripasserò più tardi.
[ripasse'ro pju 'tardi]

Volveremos más tarde.
Ripasseremo più tardi.
[ripasse'remo pju 'tardi]

descuentos | oferta
sconti | saldi
[skonti | 'saldi]

Por favor, enséñeme ...
Per favore, mi può far vedere ...?
[per fa'vore, mi pu'o far ve'dere ...?]

¿Me puede dar ..., por favor?
Per favore, potrebbe darmi ...
[per fa'vore, po'trebbe 'darmi ...]

¿Puedo probarmelo?
Posso provarlo?
[posso pro'varlo?]

Perdone, ¿dónde están los probadores?
Mi scusi, dov'è il camerino?
[mi 'skuzi, dov'e il kame'rino?]

¿Qué color le gustaría?
Che colore desidera?
[ke ko'lore de'zidera?]

la talla | el largo
taglia | lunghezza
[taʎʎa | lun'gettsa]

¿Cómo le queda? (¿Está bien?)
Come le sta?
[kome le sta?]

¿Cuánto cuesta esto?
Quanto costa questo?
[kwanto 'kosta 'kwesto?]

Es muy caro.
È troppo caro.
[e 'troppo 'karo]

Me lo llevo.
Lo prendo.
[lo 'prendo]

Perdone, ¿dónde está la caja?
Mi scusi, dov'è la cassa?
[mi 'skuzi, dov'e la 'kassa?]

¿Pagará en efectivo o con tarjeta?

**Paga in contanti o con carta
di credito?**
[paga in kon'tanti o kon 'karta
di 'kredito?]

en efectivo | con tarjeta

In contanti | con carta di credito
[in kon'tanti | kon 'karta di 'kredito]

¿Quiere el recibo?

Vuole lo scontrino?
[vu'ole lo skon'trino?]

Sí, por favor.

Si, grazie.
[si, 'gratsie]

No, gracias.

No, va bene così.
[no, va 'bene ko'zi]

Gracias. ¡Que tenga un buen día!

Grazie. Buona giornata!
[gratsie. bu'ona ʤor'nata!]

En la ciudad

Perdone, por favor.	**Mi scusi, per favore …** [mi 'skuzi, per fa'vore …]
Busco …	**Sto cercando …** [sto tʃer'kando …]
el metro	**la metropolitana** [la metropoli'tana]
mi hotel	**il mio albergo** [il 'mio al'bergo]
el cine	**il cinema** [il 'tʃinema]
una parada de taxis	**il posteggio taxi** [il po'stedʒo 'taksi]
un cajero automático	**un bancomat** [un 'bankomat]
una oficina de cambio	**un ufficio dei cambi** [un uf'fitʃio 'dei 'kambi]
un cibercafé	**un internet café** [un inter'net ka'fe]
la calle …	**via …** [via …]
este lugar	**questo posto** [kwesto 'posto]
¿Sabe usted dónde está …?	**Sa dove si trova …?** [sa 'dove si 'trova …?]
¿Cómo se llama esta calle?	**Come si chiama questa via?** [kome si 'kjama 'kwesta 'via?]
Muestreme dónde estamos ahora.	**Può mostrarmi dove ci troviamo?** [pu'o mo'strarmi 'dove tʃi tro'vjamo]
¿Puedo llegar a pie?	**Posso andarci a piedi?** [posso an'dartʃi a 'pjedi?]
¿Tiene un mapa de la ciudad?	**Avete la piantina della città?** [a've

te la pjan'tina 'della tʃitta?] |
¿Cuánto cuesta la entrada?	**Quanto costa un biglietto?** [kwanto 'kosta un biʎ'ʎetto?]
¿Se pueden hacer fotos aquí?	**Si può fotografare?** [si pu'o fotogra'fare?]
¿Está abierto?	**E' aperto?** [e a'perto?]

¿A qué hora abren?

Quando aprite?
[kwando a'prite?]

¿A qué hora cierran?

Quando chiudete?
[kwando kju'dete?]

Dinero

dinero	**Soldi** [soldi]
efectivo	**contanti** [kon'tanti]
billetes	**banconote** [banko'note]
monedas	**monete** [mo'nete]
la cuenta | el cambio | la propina	**conto | resto | mancia** [konto | 'resto | 'mantʃa]
la tarjeta de crédito	**carta di credito** [karta di 'kredito]
la cartera	**portafoglio** [porta·'foʎʎo]
comprar	**comprare** [kom'prare]
pagar	**pagare** [pa'gare]
la multa	**multa** [multa]
gratis	**gratuito** [gratu'ito]
¿Dónde puedo comprar …?	**Dove posso comprare …?** [dove 'posso kom'prare …?]
¿Está el banco abierto ahora?	**La banca è aperta adesso?** [la 'banka e a'perta a'desso?]
¿A qué hora abre?	**Quando apre?** [kwando 'apre?]
¿A qué hora cierra?	**Quando chiude?** [kwando 'kjude?]
¿Cuánto cuesta?	**Quanto costa?** [kwanto 'kosta?]
¿Cuánto cuesta esto?	**Quanto costa questo?** [kwanto 'kosta 'kwesto?]
Es muy caro.	**È troppo caro.** [e 'troppo 'karo]
Perdone, ¿dónde está la caja?	**Scusi, dov'è la cassa?** [skuzi, dov'e la 'kassa?]
La cuenta, por favor.	**Il conto, per favore.** [il 'konto, per fa'vore]

¿Puedo pagar con tarjeta?

Posso pagare con la carta di credito?
[posso pa'gare kon la 'karta di 'kredito?]

¿Hay un cajero por aquí?

C'è un bancomat?
[ʧe un 'bankomat?]

Busco un cajero automático.

Sto cercando un bancomat.
[sto ʧer'kando un 'bankomat]

Busco una oficina de cambio.

Sto cercando un ufficio dei cambi.
[sto ʧer'kando un uf'fiʧio dei 'kambi]

Quisiera cambiar …

Vorrei cambiare …
[vor'rej kam'bjare …]

¿Cuál es el tipo de cambio?

Quanto è il tasso di cambio?
[kwanto e il 'tasso di 'kambio]

¿Necesita mi pasaporte?

Ha bisogno del mio passaporto?
[a bi'zoɲo del 'mio passa'porto?]

Tiempo

¿Qué hora es?	**Che ore sono?** [ke 'ore 'sono?]
¿Cuándo?	**Quando?** [kwando?]
¿A qué hora?	**A che ora?** [a ke 'ora?]
ahora | luego | después de ...	**adesso | più tardi | dopo ...** [a'desso | pju 'tardi | 'dopo ...]
la una	**l'una** [luna]
la una y cuarto	**l'una e un quarto** [luna e un 'kwarto]
la una y medio	**l'una e trenta** [luna e 'trenta]
las dos menos cuarto	**l'una e quarantacinque** [luna e kwa'ranta 'tʃinkwe]
una | dos | tres	**uno | due | tre** [uno | 'due | tre]
cuatro | cinco | seis	**quattro | cinque | sei** [kwattro | 'tʃinkwe | sej]
siete | ocho | nueve	**sette | otto | nove** [sette | 'otto | 'nove]
diez | once | doce	**dieci | undici | dodici** [djetʃi | 'unditʃi | 'doditʃi]
en ...	**fra ...** [fra ...]
cinco minutos	**cinque minuti** [tʃinkwe mi'nuti]
diez minutos	**dieci minuti** ['djetʃi mi'nuti]
quince minutos	**quindici minuti** [kwinditʃi mi'nuti]
veinte minutos	**venti minuti** [venti mi'nuti]
media hora	**mezzora** [med'dzora]
una hora	**un'ora** [un 'ora]
por la mañana	**la mattina** [la mat'tina]

por la mañana temprano	**la mattina presto** [la mat'tina 'presto]
esta mañana	**questa mattina** [kwesta mat'tina]
mañana por la mañana	**domani mattina** [do'mani mat'tina]

al mediodía	**all'ora di pranzo** [all 'ora di 'prantso]
por la tarde	**nel pomeriggio** [nel pome'ridʒo]
por la noche	**la sera** [la 'sera]
esta noche	**stasera** [sta'sera]

por la noche	**la notte** [la 'notte]
ayer	**ieri** ['jeri]
hoy	**oggi** [odʒi]
mañana	**domani** [do'mani]
pasado mañana	**dopodomani** [dopodo'mani]

¿Qué día es hoy?	**Che giorno è oggi?** [ke 'dʒorno e 'odʒi?]
Es ...	**Oggi è ...** [odʒi e ...?]
lunes	**lunedì** [lune'di]
martes	**martedì** [marte'di]
miércoles	**mercoledì** [merkole'di]

jueves	**giovedì** [dʒove'di]
viernes	**venerdì** [vener'di]
sábado	**sabato** [sabato]
domingo	**domenica** [do'menika]

Saludos. Presentaciones.

Hola.

Salve.
[salve]

Encantado /Encantada/ de conocerle.

Lieto di conoscerla.
[leto di ko'noʃerla]

Yo también.

Il piacere è mio.
[il pja'tʃere e 'mio]

Le presento a …

Vi presento …
[vi pre'zento …]

Encantado.

Molto piacere.
[molto pja'tʃere]

¿Cómo está?

Come sta?
[kome sta?]

Me llamo …

Mi chiamo …
[mi 'kjamo …]

Se llama …

Si chiama …
[si 'kjama …]

Se llama …

Si chiama …
[si 'kjama …]

¿Cómo se llama (usted)?

Come si chiama?
[kome si 'kjama?]

¿Cómo se llama (él)?

Come si chiama lui?
[kome si 'kjama 'lui?]

¿Cómo se llama (ella)?

Come si chiama lei?
[kome si 'kjama 'lei?]

¿Cuál es su apellido?

Qual'è il suo cognome?
[kwal e 'suo ko'ɲome?]

Puede llamarme …

Può chiamarmi …
[pu'o kja'marmi …]

¿De dónde es usted?

Da dove viene?
[da 'dove 'vjene?]

Yo soy de ….

Vengo da …
[vengo da …]

¿A qué se dedica?

Che lavoro fa?
[ke la'voro 'fa?]

¿Quién es?

Chi è?
[ki 'e?]

¿Quién es él?

Chi è lui?
[ki e 'lui?]

¿Quién es ella?

Chi è lei?
[ki e 'lei?]

¿Quiénes son?

Chi sono loro?
[ki 'sono 'loro?]

Este es …	**Questo /Questa/ è …** [kwesto /'kwesta/ e …]
mi amigo	**il mio amico** [il 'mio a'miko]
mi amiga	**la mia amica** [la 'mia a'mika]
mi marido	**mio marito** [mio ma'rito]
mi mujer	**mia moglie** [mia 'moʎʎe]
mi padre	**mio padre** [mio 'padre]
mi madre	**mia madre** [mia 'madre]
mi hermano	**mio fratello** [mio fra'tello]
mi hermana	**mia sorella** [mia so'rella]
mi hijo	**mio figlio** [mio 'fiʎʎo]
mi hija	**mia figlia** [mia 'fiʎʎa]
Este es nuestro hijo.	**Questo è nostro figlio.** [kwesto e 'nostro 'fiʎʎo]
Esta es nuestra hija.	**Questa è nostra figlia.** [kwesta e 'nostra 'fiʎʎa]
Estos son mis hijos.	**Questi sono i miei figli.** [kwesti 'sono i 'mjei 'fiʎʎi]
Estos son nuestros hijos.	**Questi sono i nostri figli.** [kwesti 'sono i 'nostri 'fiʎʎi]

Despedidas

¡Adiós!	**Arrivederci!** [arrive'dertʃi!]
¡Chau!	**Ciao!** [tʃao!]
Hasta mañana.	**A domani.** [a do'mani]
Hasta pronto.	**A presto.** [a 'presto]
Te veo a las siete.	**Ci vediamo alle sette.** [tʃi ve'djamo 'alle 'sette]
¡Que se diviertan!	**Divertitevi!** [diverti'tevi!]
Hablamos más tarde.	**Ci sentiamo più tardi.** [tʃi sen'tjamo 'pju 'tardi]
Que tengas un buen fin de semana.	**Buon fine settimana.** [bu'on 'fine setti'mana]
Buenas noches.	**Buona notte** [bu'ona 'notte]
Es hora de irme.	**Adesso devo andare.** [a'desso 'devo an'dare]
Tengo que irme.	**Devo andare.** [devo an'dare]
Ahora vuelvo.	**Torno subito.** [torno 'subito]
Es tarde.	**È tardi.** [e 'tardi]
Tengo que levantarme temprano.	**Domani devo alzarmi presto.** [do'mani 'devo al'tsarmi 'presto]
Me voy mañana.	**Parto domani.** [parto do'mani]
Nos vamos mañana.	**Partiamo domani.** [par'tjamo do'mani]
¡Que tenga un buen viaje!	**Buon viaggio!** [bu'on 'vjadʒo!]
Ha sido un placer.	**È stato un piacere conoscerla.** [e 'stato un pja'tʃere di ko'noʃerla]
Fue un placer hablar con usted.	**È stato un piacere parlare con lei.** [e 'stato un pja'tʃere par'lare kon lej]
Gracias por todo.	**Grazie di tutto.** [gratsie di 'tutto]

Lo he pasado muy bien.

Mi sono divertito.
[mi 'sono diver'tito]

Lo pasamos muy bien.

Ci siamo divertiti.
[ʧi 'sjamo di'vertiti]

Fue genial.

È stato straordinario.
[e 'stato straordi'nario]

Le voy a echar de menos.

Mi mancherà.
[mi maŋke'ra]

Le vamos a echar de menos.

Ci mancherà.
[ʧi maŋke'ra]

¡Suerte!

Buona fortuna!
[bu'ona for'tuna!]

Saludos a …

Mi saluti …
[mi sa'luti …]

Idioma extranjero

No entiendo.

Non capisco.
[non ka'pisko]

Escríbalo, por favor.

Lo può scrivere, per favore?
[lo pu'o 'skrivere, per fa'vore]

¿Habla usted ...?

Parla ...?
[parla ...?]

Hablo un poco de ...

Parlo un po' ...
[parlo un po ...]

inglés

inglese
[in'gleze]

turco

turco
[turko]

árabe

arabo
[arabo]

francés

francese
[fran'tʃeze]

---

alemán

tedesco
[te'desko]

italiano

italiano
[ita'ljano]

español

spagnolo
[spa'ɲolo]

portugués

portoghese
[porto'geze]

chino

cinese
[tʃi'neze]

japonés

giapponese
[dʒappo'neze]

¿Puede repetirlo, por favor?

Può ripetere, per favore.
[pu'o ri'petere, per fa'vore]

Lo entiendo.

Capisco.
[ka'pisko]

No entiendo.

Non capisco.
[non ka'pisko]

Hable más despacio, por favor.

Può parlare più piano, per favore.
[pu'o par'lare pju 'pjano, per fa'vore]

¿Está bien?

È corretto?
[e kor'retto?]

¿Qué es esto? (¿Que significa esto?)

Cos'è questo?
[koz e 'kwesto?]

Disculpas

Perdone, por favor.
Mi scusi, per favore.
[mi 'skuzi, per fa'vore]

Lo siento.
Mi dispiace.
[mi dis'pjatʃe]

Lo siento mucho.
Mi dispiace molto.
[mi dis'pjatʃe 'molto]

Perdón, fue culpa mía.
Mi dispiace, è colpa mia.
[mi dis'pjatʃe, e 'kolpa 'mia]

Culpa mía.
È stato un mio errore.
[e 'stato un 'mio er'rore]

¿Puedo ...?
Posso ...?
[posso ...?]

¿Le molesta si ...?
Le dispiace se ...?
[le dis'pjatʃe se ...?]

¡No hay problema! (No pasa nada.)
Non fa niente.
[non fa 'njente]

Todo está bien.
Tutto bene.
[tutto 'bene]

No se preocupe.
Non si preoccupi.
[non si pre'okkupi]

Acuerdos

Sí.	**Sì.** [si]
Sí, claro.	**Sì, certo.** [si, 'tʃerto]
Bien.	**Bene.** [bene]
Muy bien.	**Molto bene.** [molto 'bene]
¡Claro que sí!	**Certamente!** [tʃerta'mente!]
Estoy de acuerdo.	**Sono d'accordo.** [sono dak'kordo]
Es verdad.	**Esatto.** [e'satto]
Es correcto.	**Giusto.** [dʒusto]
Tiene razón.	**Ha ragione.** [a ra'dʒone]
No me molesta.	**È lo stesso.** [e lo 'stesso]
Es completamente cierto.	**È assolutamente corretto.** [e assoluta'mente kor'retto]
Es posible.	**È possibile.** [e pos'sibile]
Es una buena idea.	**È una buona idea.** [e 'una bu'ona i'dea]
No puedo decir que no.	**Non posso dire di no.** [non 'posso 'dire di no]
Estaré encantado /encantada/.	**Ne sarei lieto.** [ne sa'rei 'leto]
Será un placer.	**Con piacere.** [kon pja'tʃere]

Rechazo. Expresar duda

No.
No.
[no]

Claro que no.
Sicuramente no.
[sikura'mente no]

No estoy de acuerdo.
Non sono d'accordo.
[non 'sono dak'kordo]

No lo creo.
Non penso.
[non 'penso]

No es verdad.
Non è vero.
[non e 'vero]

No tiene razón.
Si sbaglia.
[si 'zbaʎʎa]

Creo que no tiene razón.
Penso che lei si stia sbagliando.
[penso ke 'lei si stia zbaʎ'ʎando]

No estoy seguro /segura/.
Non sono sicuro.
[non 'sono si'kuro]

No es posible.
È impossibile.
[e impos'sibile]

¡Nada de eso!
Assolutamente no!
[assoluta'mente no!]

Justo lo contrario.
Esattamente il contrario!
[ezatta'mente al kon'trario!]

Estoy en contra de ello.
Sono contro.
[sono 'kontro]

No me importa. (Me da igual.)
Non m'interessa.
[non minte'ressa]

No tengo ni idea.
Non ne ho idea.
[non ne o i'dea]

Dudo que sea así.
Dubito che sia così.
[dubito ke 'sia ko'zi]

Lo siento, no puedo.
Mi dispiace, non posso.
[mi dis'pjatʃe, non 'posso]

Lo siento, no quiero.
Mi dispiace, non voglio.
[mi dis'pjatʃe, non 'voʎʎo]

Gracias, pero no lo necesito.
Non ne ho bisogno, grazie.
[non ne o bi'zoɲo, 'gratsie]

Ya es tarde.
È già tardi.
[e dʒa 'tardi]

Tengo que levantarme temprano.

Devo alzarmi presto.
[devo alts'armi 'presto]

Me encuentro mal.

Non mi sento bene.
[non mi 'sento 'bene]

Expresar gratitud

Gracias.
Grazie.
[gratsie]

Muchas gracias.
Grazie mille.
[gratsie 'mille]

De verdad lo aprecio.
Le sono riconoscente.
[le 'sono rikono'ʃente]

Se lo agradezco.
Le sono davvero grato.
[le 'sono dav'vero 'grato]

Se lo agradecemos.
Le siamo davvero grati.
[le 'sjamo dav'vero 'grati]

Gracias por su tiempo.
Grazie per la sua disponibilità.
[gratsie per la 'sua disponibili'ta]

Gracias por todo.
Grazie di tutto.
[gratsie di 'tutto]

Gracias por …
Grazie per …
[gratsie per …]

su ayuda
il suo aiuto
[il 'suo a'juto]

tan agradable momento
il bellissimo tempo
[il bel'lissimo 'tempo]

una comida estupenda
il delizioso pranzo
[il deli'tsjozo 'prantso]

una velada tan agradable
la bella serata
[la 'bella se'rata]

un día maravilloso
la bella giornata
[la 'bella dʒor'nata]

un viaje increíble
la splendida gita
[la 'splendida 'dʒita]

No hay de qué.
Non c'è di che.
[non tʃe di 'ke]

De nada.
Prego.
[prego]

Siempre a su disposición.
Con piacere.
[kon pja'tʃere]

Encantado /Encantada/ de ayudarle.
È stato un piacere.
[e 'stato un pja'tʃere]

No hay de qué.
Non ci pensi neanche.
[non tʃi 'pensi ne'aŋke]

No tiene importancia.
Non si preoccupi.
[non si pre'okkupi]

Felicitaciones , Mejores Deseos

¡Felicidades! **Congratulazioni!**
[kongratula'tsjoni!]

¡Feliz Cumpleaños! **Buon compleanno!**
[bu'on komple'anno!]

¡Feliz Navidad! **Buon Natale!**
[bu'on na'tale!]

¡Feliz Año Nuevo! **Felice Anno Nuovo!**
[fe'litʃe 'anno nu'ovo!]

¡Felices Pascuas! **Buona Pasqua!**
[bu'ona 'paskwa!]

¡Feliz Hanukkah! **Felice Hanukkah!**
[fe'litʃe anu'ka!]

Quiero brindar. **Vorrei fare un brindisi.**
[vor'rej 'fare un 'brindizi]

¡Salud! **Salute!**
[sa'lute!]

¡Brindemos por …! **Beviamo a …!**
[be'vjamo a …!]

¡A nuestro éxito! **Al nostro successo!**
[al 'nostro su'tʃesso!]

¡A su éxito! **Al suo successo!**
[al 'suo su'tʃesso!]

¡Suerte! **Buona fortuna!**
[bu'ona for'tuna!]

¡Que tenga un buen día! **Buona giornata!**
[bu'ona dʒor'nata!]

¡Que tenga unas buenas vacaciones! **Buone vacanze!**
[bu'one va'kantse!]

¡Que tenga un buen viaje! **Buon viaggio!**
[bu'on 'vjadʒo!]

¡Espero que se recupere pronto! **Spero guarisca presto!**
[spero gwa'riska 'presto!]

Socializarse

¿Por qué está triste?	**Perché è triste?** [per'ke e 'triste?]
¡Sonría! ¡Anímese!	**Sorrida!** [sor'rida!]
¿Está libre esta noche?	**È libero stasera?** [e 'libero sta'sera?]
¿Puedo ofrecerle algo de beber?	**Posso offrirle qualcosa da bere?** [posso of'frirle kwal'koza da 'bere?]
¿Querría bailar conmigo?	**Vuole ballare?** [vu'ole bal'lare?]
Vamos a ir al cine.	**Andiamo al cinema.** [an'djamo al 'tʃinema]
¿Puedo invitarle a …?	**Posso invitarla …?** [posso invi'tarla …?]
un restaurante	**al ristorante** [al risto'rante]
el cine	**al cinema** [al 'tʃinema]
el teatro	**a teatro** [a te'atro]
dar una vuelta	**a fare una passeggiata** [per 'fare 'una passe'dʒata]
¿A qué hora?	**A che ora?** [a ke 'ora?]
esta noche	**stasera** [sta'sera]
a las seis	**alle sei** [alle 'sei]
a las siete	**alle sette** [alle 'sette]
a las ocho	**alle otto** [alle 'otto]
a las nueve	**alle nove** [alle 'nove]
¿Le gusta este lugar?	**Le piace qui?** [le 'pjatʃe kwi?]
¿Está aquí con alguien?	**È qui con qualcuno?** [e kw'i kon kwal'kuno?]
Estoy con mi amigo /amiga/.	**Sono con un amico /una amica/.** [sono kon un a'miko /'una a'mika/]

Estoy con amigos.

Sono con i miei amici.
[sono kon i mjei a'mitʃi]

No, estoy solo /sola/.

No, sono da solo /sola/.
[no, 'sono da 'solo /'sola/]

¿Tienes novio?

Hai il ragazzo?
[ai il ra'gattso?]

Tengo novio.

Ho il ragazzo.
[o il ra'gattso]

¿Tienes novia?

Hai la ragazza?
[ai il ra'gattsa?]

Tengo novia.

Ho la ragazza.
[o la ra'gattsa]

¿Te puedo volver a ver?

Posso rivederti?
[posso rive'derti?]

¿Te puedo llamar?

Posso chiamarti?
[posso kja'marti?]

Llámame.

Chiamami.
['kjamami]

¿Cuál es tu número?

Qual'è il tuo numero?
[kwal e il 'tuo 'numero?]

Te echo de menos.

Mi manchi.
[mi 'maŋki]

¡Qué nombre tan bonito!

Ha un bel nome.
[a un bel 'nome]

Te quiero.

Ti amo.
[ti 'amo]

¿Te casarías conmigo?

Mi vuoi sposare?
[mi vu'oj spo'zare?]

¡Está de broma!

Sta scherzando!
[sta sker'tsando!]

Sólo estoy bromeando.

Sto scherzando.
[sto sker'tsando]

¿En serio?

Lo dice sul serio?
[lo 'ditʃe sul 'serio?]

Lo digo en serio.

Sono serio /seria/.
[sono 'serio /'seria/]

¿De verdad?

Davvero?!
[dav'vero?!]

¡Es increíble!

È incredibile!
[e inkre'dibile]

No le creo.

Non le credo.
[non le 'kredo]

No puedo.

Non posso.
[non 'posso]

No lo sé.

No so.
[non so]

No le entiendo.

Non la capisco.
[non la ka'pisko]

Váyase, por favor.	**Per favore, vada via.** [per fa'vore, 'vada 'via]
¡Déjeme en paz!	**Mi lasci in pace!** [mi 'laʃi in 'patʃe!]

Es inaguantable.	**Non lo sopporto.** [non lo sop'porto]
¡Es un asqueroso!	**Lei è disgustoso!** [lei e dizgu'stozo!]
¡Llamaré a la policía!	**Chiamo la polizia!** [kjamo la poli'tsia!]

Compartir impresiones. Emociones

Me gusta.	**Mi piace.** [mi 'pjatʃe]
Muy lindo.	**Molto carino.** [molto ka'rino]
¡Es genial!	**È formidabile!** [e formi'dabile!]
No está mal.	**Non è male.** [non e 'male]
No me gusta.	**Non mi piace.** [non mi 'pjatʃe]
No está bien.	**Questo non è buono.** [kwesto non e bu'ono]
Está mal.	**È cattivo.** [e kat'tivo]
Está muy mal.	**È molto cattivo.** [e 'molto kat'tivo]
¡Qué asco!	**È disgustoso.** [e dizgu'stozo]
Estoy feliz.	**Sono felice.** [sono fe'litʃe]
Estoy contento /contenta/.	**Sono contento /contenta/.** [sono kon'tento /kon'tenta/]
Estoy enamorado /enamorada/.	**Sono innamorato /innamorata/.** [sono innamo'rato /innamo'rata/]
Estoy tranquilo.	**Sono calmo /calma/.** [sono 'kalmo /'kalma/]
Estoy aburrido.	**Sono annoiato /annoiata/.** [sono anno'jato /anno'jata/]
Estoy cansado /cansada/.	**Sono stanco /stanca/.** [sono 'stanko /'stanka/]
Estoy triste.	**Sono triste.** [sono 'triste]
Estoy asustado.	**Sono spaventato /spaventata/.** [sono spaven'tato /spaven'tata/]
Estoy enfadado /enfadada/.	**Sono arrabbiato /arrabbiata/.** [sono arrab'bjato /arrab'bjata/]
Estoy preocupado /preocupada/.	**Sono preoccupato /preoccupata/.** [sono preokku'pato /preokku'pata/]
Estoy nervioso /nerviosa/.	**Sono nervoso /nervosa/.** [sono ner'vozo /ner'voza/]

Estoy celoso /celosa/.

Sono geloso /gelosa/.
[sono dʒe'lozo /dʒe'loza/]

Estoy sorprendido /sorprendida/.

Sono sorpreso /sorpresa/.
[sono sor'prezo /sor'preza/]

Estoy perplejo /perpleja/.

Sono perplesso /perplessa/.
[sono per'plesso /per'plessa/]

Problemas, Accidentes

Tengo un problema.	**Ho un problema.** [o un pro'blema]
Tenemos un problema.	**Abbiamo un problema.** [ab'bjamo un pro'blema]
Estoy perdido /perdida/.	**Sono perso /persa/.** [sono' perso /'persa/]
Perdi el último autobús (tren).	**Ho perso l'ultimo autobus (treno).** [o 'perso 'lultimo 'autobus ('treno)]
No me queda más dinero.	**Non ho più soldi.** [non o pju 'soldi]
He perdido …	**Ho perso …** [o 'perso …]
Me han robado …	**Mi hanno rubato …** [mi 'anno ru'bato …]
mi pasaporte	**il passaporto** [il passa'porto]
mi cartera	**il portafoglio** [il porta'foʎʎo]
mis papeles	**i documenti** [i doku'menti]
mi billete	**il biglietto** [il biʎ'ʎetto]
mi dinero	**i soldi** [i 'soldi]
mi bolso	**la borsa** [la 'borsa]
mi cámara	**la macchina fotografica** [la 'makkina foto'grafika]
mi portátil	**il computer portatile** [il kom'pjuter por'tatile]
mi tableta	**il tablet** [il 'tablet]
mi teléfono	**il telefono cellulare** [il te'lefono ʧellu'lare]
¡Ayúdeme!	**Aiuto!** [a'juto]
¿Qué pasó?	**Che cosa è successo?** [ke 'koza e su'ʧesso?]
el incendio	**fuoco** [fu'oko]

un tiroteo	**sparatoria** [spara'toria]
el asesinato	**omicidio** [omi'tʃidio]
una explosión	**esplosione** [esplo'zjone]
una pelea	**rissa** ['rissa]

¡Llame a la policía!	**Chiamate la polizia!** [kja'mate la poli'tsia!]
¡Más rápido, por favor!	**Per favore, faccia presto!** [per fa'vore, 'fatʃa 'presto!]
Busco la comisaría.	**Sto cercando la stazione di polizia.** [sto tʃer'kando la sta'tsjone di poli'tsia]
Tengo que hacer una llamada.	**Devo fare una telefonata.** [devo 'fare 'una telefo'nata]
¿Puedo usar su teléfono?	**Posso usare il suo telefono?** [posso u'zare il 'suo te'lefono?]

Me han …	**Sono stato /stata/ …** [sono 'stato /'stata/ …]
asaltado /asaltada/	**aggredito /aggredita/** [ag'gredito /ag'gredita/]
robado /robada/	**derubato /derubata/** [deru'bato /deru'bata/]
violada	**violentata** [violen'tata]
atacado /atacada/	**assalito /assalita/** [assa'lito /assa'lita/]

¿Se encuentra bien?	**Lei sta bene?** [lei sta 'bene?]
¿Ha visto quien a sido?	**Ha visto chi è stato?** [a 'visto ki e 'stato?]
¿Sería capaz de reconocer a la persona?	**È in grado di riconoscere la persona?** [e in 'grado di riko'noʃere la per'sona?]
¿Está usted seguro?	**È sicuro?** [e si'kuro?]

Por favor, cálmese.	**Per favore, si calmi.** [per fa'vore, si 'kalmi]
¡Cálmese!	**Si calmi!** [si 'kalmi!]
¡No se preocupe!	**Non si preoccupi.** [non si pre'okkupi]
Todo irá bien.	**Andrà tutto bene.** [and'ra 'tutto 'bene]
Todo está bien.	**Va tutto bene.** [va 'tutto 'bene]
Venga aquí, por favor.	**Venga qui, per favore.** [venga kwi, per fa'vore]

Tengo unas preguntas para usted.

Devo porle qualche domanda.
[devo 'porle 'kwalke do'manda]

Espere un momento, por favor.

Aspetti un momento, per favore.
[a'spetti un mo'mento, per fa'vore]

¿Tiene un documento de identidad?

Ha un documento d'identità?
[a un doku'mento didenti'ta?]

Gracias. Puede irse ahora.

Grazie. Può andare ora.
[gratsie. pu'o an'dare 'ora]

¡Manos detrás de la cabeza!

Mani dietro la testa!
[mani 'djetro la 'testa!]

¡Está arrestado!

È in arresto!
[e in ar'resto!]

Problemas de salud

Ayudeme, por favor.	**Mi può aiutare, per favore.** [mi pu'o aju'tare, per fa'vore]
No me encuentro bien.	**Non mi sento bene.** [non mi 'sento 'bene]
Mi marido no se encuentra bien.	**Mio marito non si sente bene.** [mio ma'rito non si 'sente 'bene]
Mi hijo …	**Mio figlio …** [mio 'fiʎʎo …]
Mi padre …	**Mio padre …** [mio 'padre …]
Mi mujer no se encuentra bien.	**Mia moglie non si sente bene.** [mia 'moʎʎe non si 'sente 'bene]
Mi hija …	**Mia figlia …** [mia 'fiʎʎa …]
Mi madre …	**Mia madre …** [mia 'madre …]
Me duele …	**Ho mal di …** [o mal di …]
la cabeza	**testa** [testa]
la garganta	**gola** [gola]
el estómago	**pancia** ['pantʃa]
un diente	**denti** [denti]
Estoy mareado.	**Mi gira la testa.** [mi 'dʒira la 'testa]
Él tiene fiebre.	**Ha la febbre.** [a la 'febbre]
Ella tiene fiebre.	**Ha la febbre.** [a la 'febbre]
No puedo respirar.	**Non riesco a respirare.** [non ri'esko a respi'rare]
Me ahogo.	**Mi manca il respiro.** [mi 'manka il re'spiro]
Tengo asma.	**Sono asmatico /asmatica/.** [sono az'matiko /az'matika/]
Tengo diabetes.	**Sono diabetico /diabetica/.** [sono dia'betiko /dia'betika/]

No puedo dormir.

Soffro d'insonnia.
[soffro din'sonnia]

intoxicación alimentaria

intossicazione alimentare
[intossikat'tsjone alimen'tare]

Me duele aquí.

Fa male qui.
[fa 'male kwi]

¡Ayúdeme!

Mi aiuti!
[mi a'juti!]

¡Estoy aquí!

Sono qui!
[sono kwi!]

¡Estamos aquí!

Siamo qui!
[sjamo kwi!]

¡Saquenme de aquí!

Mi tiri fuori di qui!
[mi 'tiri fu'ori di kwi!]

Necesito un médico.

Ho bisogno di un dottore.
[o bi'zoɲo di un dot'tore]

No me puedo mover.

Non riesco a muovermi.
[non ri'esko a mu'overmi]

No puedo mover mis piernas.

Non riesco a muovere le gambe.
[non ri'esko a mu'overe le 'gambe]

Tengo una herida.

Ho una ferita.
[o 'una fe'rita]

¿Es grave?

È grave?
[e 'grave?]

Mis documentos están en mi bolsillo.

I miei documenti sono in tasca.
[i 'mjei doku'menti 'sono in 'taska]

¡Cálmese!

Si calmi!
[si 'kalmi!]

¿Puedo usar su teléfono?

Posso usare il suo telefono?
[posso u'zare il 'suo te'lefono?]

¡Llame a una ambulancia!

Chiamate l'ambulanza!
[kja'mate lambu'lantsa!]

¡Es urgente!

È urgente!
[e ur'dʒente!]

¡Es una emergencia!

È un'emergenza!
[e un emer'dʒentsa!]

¡Más rápido, por favor!

Per favore, faccia presto!
[per fa'vore, 'fatʃa 'presto!]

¿Puede llamar a un médico, por favor?

Per favore, chiamate un medico.
[per fa'vore, kja'mate un 'mediko]

¿Dónde está el hospital?

Dov'è l'ospedale?
[dov'e lospe'dale?]

¿Cómo se siente?

Come si sente?
[kome si 'sente?]

¿Se encuentra bien?

Sta bene?
[sta 'bene?]

¿Qué pasó?

Che cosa è successo?
[ke 'koza e su'tʃesso?]

Me encuentro mejor.

Mi sento meglio ora.
[mi 'sento 'meʎʎo 'ora]

Está bien.

Va bene.
[va 'bene]

Todo está bien.

Va tutto bene.
[va 'tutto 'bene]

En la farmacia

la farmacia	**farmacia** [farma'tʃija]
la farmacia 24 horas	**farmacia di turno** [farma'tʃija di 'turno]
¿Dónde está la farmacia más cercana?	**Dov'è la farmacia più vicina?** [dov'e la farma'tʃija pju vi'tʃina?]
¿Está abierta ahora?	**È aperta a quest'ora?** [e a'perta a 'kwest 'ora?]
¿A qué hora abre?	**A che ora apre?** [a ke 'ora 'apre?]
¿A qué hora cierra?	**A che ora chiude?** [a ke 'ora 'kjude?]
¿Está lejos?	**È lontana?** [e lon'tana?]
¿Puedo llegar a pie?	**Posso andarci a piedi?** [posso an'dartʃi a 'pjedi?]
¿Puede mostrarme en el mapa?	**Può mostrarmi sulla piantina?** [pu'o mo'strarmi 'sulla pjan'tina?]
Por favor, deme algo para …	**Per favore, può darmi qualcosa per …** [per fa'vore, pu'o 'darmi kwal'koza per …]
un dolor de cabeza	**il mal di testa** [il mal di 'testa]
la tos	**la tosse** [la 'tosse]
el resfriado	**il raffreddore** [il raffred'dore]
la gripe	**l'influenza** [linflu'entsa]
la fiebre	**la febbre** [la 'febbre]
un dolor de estomago	**il mal di stomaco** [il mal di 'stomako]
nauseas	**la nausea** [la 'nauzea]
la diarrea	**la diarrea** [la diar'rea]
el estreñimiento	**la costipazione** [la kostipa'tsjone]
un dolor de espalda	**mal di schiena** [mal di 'skjena]

un dolor de pecho	**dolore al petto** [do'lore al 'petto]
el flato	**fitte al fianco** [fitte al 'fjanko]
un dolor abdominal	**dolori addominali** [do'lori addomi'nali]

la píldora	**pastiglia** [pa'stiʎʎa]
la crema	**pomata** [po'mata]
el jarabe	**sciroppo** [ʃi'roppo]
el spray	**spray** [spraj]
las gotas	**gocce** [gotʃe]

Tiene que ir al hospital.	**Deve andare in ospedale.** [deve an'dare in ospe'dale]
el seguro de salud	**assicurazione sanitaria** [assikura'tsjone sani'taria]
la receta	**prescrizione** [preskri'tsjone]
el repelente de insectos	**insettifugo** [inset'tifugo]
la curita	**cerotto** [tʃe'rotto]

Lo más imprescindible

Perdone, …	**Mi scusi, …** [mi 'skuzi, …]
Hola.	**Buongiorno.** [buon'dʒorno]
Gracias.	**Grazie.** [gratsie]
Sí.	**Sì.** [si]
No.	**No.** [no]
No lo sé.	**Non lo so.** [non lo so]
¿Dónde?	¿A dónde?	¿Cuándo?	**Dove?	Dove?	Quando?** [dove?	'dove?	'kwando?]
Necesito …	**Ho bisogno di …** [o bi'zoɲo di …]
Quiero …	**Voglio …** [voʎʎo …]
¿Tiene …?	**Avete …?** [a'vete …?]
¿Hay … por aquí?	**C'è un /una/ … qui?** [tʃe un /'una/ … kwi?]
¿Puedo …?	**Posso …?** [posso …?]
…, por favor? (petición educada)	**per favore** [per fa'vore]
Busco …	**Sto cercando …** [sto tʃer'kando …]
el servicio	**bagno** [baɲo]
un cajero automático	**bancomat** [bankomat]
una farmacia	**farmacia** [farma'tʃija]
el hospital	**ospedale** [ospe'dale]
la comisaría	**stazione di polizia** [sta'tsjone di poli'tsia]
el metro	**metropolitana** [metropoli'tana]

un taxi	**taxi** ['taksi]
la estación de tren	**stazione** [sta'tsjone]

Me llamo …	**Mi chiamo …** [mi 'kjamo …]
¿Cómo se llama?	**Come si chiama?** [kome si 'kjama?]
¿Puede ayudarme, por favor?	**Mi può aiutare, per favore?** [mi pu'o aju'tare, per fa'vore?]
Tengo un problema.	**Ho un problema.** [o un pro'blema]
Me encuentro mal.	**Mi sento male.** [mi 'sento 'male]
¡Llame a una ambulancia!	**Chiamate l'ambulanza!** [kja'mate lambu'lantsa!]
¿Puedo llamar, por favor?	**Posso fare una telefonata?** [posso 'fare 'una telefo'nata?]

Lo siento.	**Mi dispiace.** [mi dis'pjat͡ʃe]
De nada.	**Prego.** [prego]

Yo	**io** [io]
tú	**tu** [tu]
él	**lui** [lui]
ella	**lei** ['lei]
ellos	**loro** [loro]
ellas	**loro** [loro]
nosotros /nosotras/	**noi** [noi]
ustedes, vosotros	**voi** [voi]
usted	**Lei** ['lei]

ENTRADA	**ENTRATA** [en'trata]
SALIDA	**USCITA** [u'ʃita]
FUERA DE SERVICIO	**FUORI SERVIZIO** [fu'ori ser'vitsio]
CERRADO	**CHIUSO** [kjuzo]

ABIERTO

APERTO
[a'perto]

PARA SEÑORAS

DONNE
[donne]

PARA CABALLEROS

UOMINI
[u'omini]

VOCABULARIO TEMÁTICO

Esta sección contiene más
de 3.000 de las palabras más
importantes. El diccionario
le proporcionará una ayuda
inestimable mientras viaja al
extranjero, porque las palabras
individuales son a menudo
suficientes para que
le entiendan.
El diccionario incluye una
transcripción adecuada
de cada palabra extranjera

T&P Books Publishing

CONTENIDO
DEL DICCIONARIO

T&P Books Publishing

CONCEPTOS BÁSICOS

T&P Books Publishing

1. Los pronombres

yo	io	['io]
tú	tu	['tu]
él	lui	['luj]
ella	lei	['lej]
nosotros, -as	noi	['noj]
vosotros, -as	voi	['voi]
ellos, ellas	loro, essi	['loro], ['essi]

2. Saludos. Salutaciones

¡Hola! (fam.)	Buongiorno!	[buon'dʒorno]
¡Hola! (form.)	Salve!	['salve]
¡Buenos días!	Buongiorno!	[buon'dʒorno]
¡Buenas tardes!	Buon pomeriggio!	[bu'on pome'ridʒo]
¡Buenas noches!	Buonasera!	[buona'sera]
decir hola	salutare (vt)	[salu'tare]
¡Hola! (a un amigo)	Ciao! Salve!	['tʃao], ['salve]
saludo (m)	saluto (m)	[sa'luto]
saludar (vt)	salutare (vt)	[salu'tare]
¿Cómo estás?	Come va?	['kome 'va]
¿Qué hay de nuevo?	Che c'è di nuovo?	[ke tʃe di nu'ovo]
¡Chau! ¡Adiós!	Arrivederci!	[arrive'dertʃi]
¡Hasta pronto!	A presto!	[a 'presto]
¡Adiós!	Addio!	[ad'dio]
despedirse (vr)	congedarsi (vr)	[kondʒe'darsi]
¡Hasta luego!	Ciao!	['tʃao]
¡Gracias!	Grazie!	['gratsie]
¡Muchas gracias!	Grazie mille!	['gratsie 'mille]
De nada	Prego	['prego]
No hay de qué	Non c'è di che!	[non tʃe di 'ke]
De nada	Di niente	[di 'njente]
¡Disculpa!	Scusa!	['skuza]
¡Disculpe!	Scusi!	['skuzi]
disculpar (vt)	scusare (vt)	[sku'zare]
disculparse (vr)	scusarsi (vr)	[sku'zarsi]
Mis disculpas	Chiedo scusa	['kjedo 'skuza]

¡Perdóneme!	**Mi perdoni!**	[mi per'doni]
perdonar (vt)	**perdonare** (vt)	[perdo'nare]
¡No pasa nada!	**Non fa niente**	[non fa 'njente]
por favor	**per favore**	[per fa'vore]
¡No se le olvide!	**Non dimentichi!**	[non di'mentiki]
¡Ciertamente!	**Certamente!**	[tʃerta'mente]
¡Claro que no!	**Certamente no!**	[tʃerta'mente no]
¡De acuerdo!	**D'accordo!**	[dak'kordo]
¡Basta!	**Basta!**	['basta]

3. Las preguntas

¿Quién?	**Chi?**	[ki]
¿Qué?	**Che cosa?**	[ke 'koza]
¿Dónde?	**Dove?**	['dove]
¿Adónde?	**Dove?**	['dove]
¿De dónde?	**Di dove?, Da dove?**	[di 'dove], [da 'dove]
¿Cuándo?	**Quando?**	['kwando]
¿Para qué?	**Perché?**	[per'ke]
¿Por qué?	**Perché?**	[per'ke]
¿Por qué razón?	**Per che cosa?**	[per ke 'koza]
¿Cómo?	**Come?**	['kome]
¿Qué ...? (~ color)	**Che?**	[ke]
¿Cuál?	**Quale?**	['kwale]
¿A quién?	**A chi?**	[a 'ki]
¿De quién? (~ hablan ...)	**Di chi?**	[di 'ki]
¿De qué?	**Di che cosa?**	[di ke 'koza]
¿Con quién?	**Con chi?**	[kon 'ki]
¿Cuánto? (innum.)	**Quanto?**	['kwanto]
¿Cuánto? (num.)	**Quanti?**	['kwanti]
¿De quién? (~ es este ...)	**Di chi?**	[di 'ki]

4. Las preposiciones

con ... (~ algn)	**con**	[kon]
sin ... (~ azúcar)	**senza**	['sentsa]
a ... (p.ej. voy a México)	**a**	[a]
de ... (hablar ~)	**di**	[di]
antes de ...	**prima di ...**	['prima di]
delante de ...	**di fronte a ...**	[di 'fronte a]
debajo	**sotto**	['sotto]
sobre ..., encima de ...	**sopra**	['sopra]
en, sobre (~ la mesa)	**su**	[su]

| de (origen) | da, di | [da], [di] |
| de (fabricado de) | di | [di] |

| dentro de … | fra … | [fra] |
| encima de … | attraverso | [attra'verso] |

5. Las palabras útiles. Los adverbios. Unidad 1

¿Dónde?	Dove?	['dove]
aquí (adv)	qui	[kwi]
allí (adv)	lì	[li]

| en alguna parte | da qualche parte | [da 'kwalke 'parte] |
| en ninguna parte | da nessuna parte | [da nes'suna 'parte] |

| junto a … | vicino a … | [vi'ʧino a] |
| junto a la ventana | vicino alla finestra | [vi'ʧino 'alla fi'nestra] |

¿A dónde?	Dove?	['dove]
aquí (venga ~)	di qui	[di kwi]
allí (vendré ~)	ci	[ʧi]
de aquí (adv)	da qui	[da kwi]
de allí (adv)	da lì	[da 'li]

| cerca (no lejos) | vicino, accanto | [vi'ʧino], [a'kanto] |
| lejos (adv) | lontano | [lon'tano] |

cerca de …	vicino a …	[vi'ʧino a]
al lado (de …)	vicino	[vi'ʧino]
no lejos (adv)	non lontano	[non lon'tano]

izquierdo (adj)	sinistro	[si'nistro]
a la izquierda (situado ~)	a sinistra	[a si'nistra]
a la izquierda (girar ~)	a sinistra	[a si'nistra]

derecho (adj)	destro	['destro]
a la derecha (situado ~)	a destra	[a 'destra]
a la derecha (girar)	a destra	[a 'destra]

delante (yo voy ~)	davanti	[da'vanti]
delantero (adj)	anteriore	[ante'rjore]
adelante (movimiento)	avanti	[a'vanti]

detrás de …	dietro	['djetro]
desde atrás	da dietro	[da 'djetro]
atrás (da un paso ~)	indietro	[in'djetro]

centro (m), medio (m)	mezzo (m), centro (m)	['medʣo], ['ʧentro]
en medio (adv)	in mezzo, al centro	[in 'medʣo], [al 'ʧentro]
de lado (adv)	di fianco	[di 'fjanko]

en todas partes	dappertutto	[dapper'tutto]
alrededor (adv)	attorno	[at'torno]
de dentro (adv)	da dentro	[da 'dentro]
a alguna parte	da qualche parte	[da 'kwalke 'parte]
todo derecho (adv)	dritto	['dritto]
atrás (muévelo para ~)	indietro	[in'djetro]
de alguna parte (adv)	da qualsiasi parte	[da kwal'siazi 'parte]
no se sabe de dónde	da qualche posto	[da 'kwalke 'posto]
primero (adv)	in primo luogo	[in 'primo lu'ogo]
segundo (adv)	in secondo luogo	[in se'kondo lu'ogo]
tercero (adv)	in terzo luogo	[in 'tertso lu'ogo]
de súbito (adv)	all'improvviso	[all improv'vizo]
al principio (adv)	all'inizio	[all i'nitsio]
por primera vez	per la prima volta	[per la 'prima 'volta]
mucho tiempo antes …	molto tempo prima di …	['molto 'tempo 'prima di]
de nuevo (adv)	di nuovo	[di nu'ovo]
para siempre (adv)	per sempre	[per 'sempre]
jamás, nunca (adv)	mai	[maj]
de nuevo (adv)	ancora	[an'kora]
ahora (adv)	adesso	[a'desso]
frecuentemente (adv)	spesso	['spesso]
entonces (adv)	allora	[al'lora]
urgentemente (adv)	urgentemente	[urdʒente'mente]
usualmente (adv)	di solito	[di 'solito]
a propósito, …	a proposito, …	[a pro'pozito]
es probable	è possibile	[e pos'sibile]
probablemente (adv)	probabilmente	[probabil'mente]
tal vez	forse	['forse]
además …	inoltre …	[i'noltre]
por eso …	ecco perché …	['ekko per'ke]
a pesar de …	nonostante	[nono'stante]
gracias a …	grazie a …	['gratsie a]
qué (pron)	che cosa	[ke 'koza]
que (conj)	che	[ke]
algo (~ le ha pasado)	qualcosa	[kwal'koza]
algo (~ así)	qualcosa	[kwal'koza]
nada (f)	niente	['njente]
quien	chi	[ki]
alguien (viene ~)	qualcuno	[kwal'kuno]
alguien (¿ha llamado ~?)	qualcuno	[kwal'kuno]
nadie	nessuno	[nes'suno]
a ninguna parte	da nessuna parte	[da nes'suna 'parte]
de nadie	di nessuno	[di nes'suno]

de alguien	**di qualcuno**	[di kwal'kuno]
tan, tanto (adv)	**così**	[ko'zi]
también (~ habla francés)	**anche**	['aŋke]
también (p.ej. Yo ~)	**anche, pure**	['aŋke], ['pure]

6. Las palabras útiles. Los adverbios. Unidad 2

¿Por qué?	**Perché?**	[per'ke]
no se sabe porqué	**per qualche ragione**	[per 'kwalke ra'dʒone]
porque ...	**perché ...**	[per'ke]
por cualquier razón (adv)	**per qualche motivo**	[per 'kwalke mo'tivo]

y (p.ej. uno y medio)	**e**	[e]
o (p.ej. té o café)	**o ...**	[o]
pero (p.ej. me gusta, ~)	**ma**	[ma]
para (p.ej. es para ti)	**per**	[per]

demasiado (adv)	**troppo**	['troppo]
sólo, solamente (adv)	**solo**	['solo]
exactamente (adv)	**esattamente**	[ezatta'mente]
unos ...,	**circa**	['tʃirka]
cerca de ... (~ 10 kg)		

aproximadamente	**approssimativamente**	[approsimativa'mente]
aproximado (adj)	**approssimativo**	[approssima'tivo]
casi (adv)	**quasi**	['kwazi]
resto (m)	**resto** (m)	['resto]

cada (adj)	**ogni**	['oɲi]
cualquier (adj)	**qualsiasi**	[kwal'siazi]
mucho (innum.)	**molto**	['molto]
mucho (num.)	**molti**	['molti]
muchos (mucha gente)	**molta gente**	['molta 'dʒente]
todos	**tutto, tutti**	['tutto], ['tutti]

a cambio de ...	**in cambio di ...**	[in 'kambio di]
en cambio (adv)	**in cambio**	[in 'kambio]
a mano (hecho ~)	**a mano**	[a 'mano]
poco probable	**poco probabile**	['poko pro'babile]

probablemente	**probabilmente**	[probabil'mente]
a propósito (adv)	**apposta**	[ap'posta]
por accidente (adv)	**per caso**	[per 'kazo]

muy (adv)	**molto**	['molto]
por ejemplo (adv)	**per esempio**	[per e'zempjo]
entre (~ nosotros)	**fra**	[fra]
entre (~ otras cosas)	**fra**	[fra]
tanto (~ gente)	**tanto**	['tanto]
especialmente (adv)	**soprattutto**	[sopra'tutto]

NÚMEROS. MISCELÁNEA

T&P Books Publishing

cero	zero (m)	['dzero]
uno	uno	['uno]
dos	due	['due]
tres	tre	['tre]
cuatro	quattro	['kwattro]
cinco	cinque	['tʃinkwe]
seis	sei	['sej]
siete	sette	['sette]
ocho	otto	['otto]
nueve	nove	['nove]
diez	dieci	['djetʃi]
once	undici	['unditʃi]
doce	dodici	['doditʃi]
trece	tredici	['treditʃi]
catorce	quattordici	[kwat'torditʃi]
quince	quindici	['kwinditʃi]
dieciséis	sedici	['seditʃi]
diecisiete	diciassette	[ditʃas'sette]
dieciocho	diciotto	[di'tʃotto]
diecinueve	diciannove	[ditʃan'nove]
veinte	venti	['venti]
veintiuno	ventuno	[ven'tuno]
veintidós	ventidue	['venti 'due]
veintitrés	ventitre	['venti 'tre]
treinta	trenta	['trenta]
treinta y uno	trentuno	[tren'tuno]
treinta y dos	trentadue	[trenta 'due]
treinta y tres	trentatre	[trenta 'tre]
cuarenta	quaranta	[kwa'ranta]
cuarenta y uno	quarantuno	[kwa'rant'uno]
cuarenta y dos	quarantadue	[kwa'ranta 'due]
cuarenta y tres	quarantatre	[kwa'ranta 'tre]
cincuenta	cinquanta	[tʃin'kwanta]
cincuenta y uno	cinquantuno	[tʃin'kwant'uno]
cincuenta y dos	cinquantadue	[tʃin'kwanta 'due]
cincuenta y tres	cinquantatre	[tʃin'kwanta 'tre]
sesenta	sessanta	[ses'santa]

sesenta y uno	**sessantuno**	[sessan'tuno]
sesenta y dos	**sessantadue**	[ses'santa 'due]
sesenta y tres	**sessantatre**	[ses'santa 'tre]
setenta	**settanta**	[set'tanta]
setenta y uno	**settantuno**	[settan'tuno]
setenta y dos	**settantadue**	[set'tanta 'due]
setenta y tres	**settantatre**	[set'tanta 'tre]
ochenta	**ottanta**	[ot'tanta]
ochenta y uno	**ottantuno**	[ottan'tuno]
ochenta y dos	**ottantadue**	[ot'tanta 'due]
ochenta y tres	**ottantatre**	[ot'tanta 'tre]
noventa	**novanta**	[no'vanta]
noventa y uno	**novantuno**	[novan'tuno]
noventa y dos	**novantadue**	[no'vanta 'due]
noventa y tres	**novantatre**	[no'vanta 'tre]

8. Números cardinales. Unidad 2

cien	**cento**	['ʧento]
doscientos	**duecento**	[due'ʧento]
trescientos	**trecento**	[tre'ʧento]
cuatrocientos	**quattrocento**	[kwattro'ʧento]
quinientos	**cinquecento**	[ʧinkwe'ʧento]
seiscientos	**seicento**	[sej'ʧento]
setecientos	**settecento**	[sette'ʧento]
ochocientos	**ottocento**	[otto'ʧento]
novecientos	**novecento**	[nove'ʧento]
mil	**mille**	['mille]
dos mil	**duemila**	[due'mila]
tres mil	**tremila**	[tre'mila]
diez mil	**diecimila**	['djeʧi 'mila]
cien mil	**centomila**	[ʧento'mila]
millón (m)	**milione** (m)	[mi'ljone]
mil millones	**miliardo** (m)	[mi'ljardo]

9. Números ordinales

primero (adj)	**primo**	['primo]
segundo (adj)	**secondo**	[se'kondo]
tercero (adj)	**terzo**	['tertso]
cuarto (adj)	**quarto**	['kwarto]
quinto (adj)	**quinto**	['kwinto]
sexto (adj)	**sesto**	['sesto]

séptimo (adj)	**settimo**	['settimo]
octavo (adj)	**ottavo**	[ot'tavo]
noveno (adj)	**nono**	['nono]
décimo (adj)	**decimo**	['detʃimo]

LOS COLORES.
LAS UNIDADES DE MEDIDA

T&P Books Publishing

color (m)	colore (m)	[ko'lore]
matiz (m)	sfumatura (f)	[sfuma'tura]
tono (m)	tono (m)	['tono]
arco (m) iris	arcobaleno (m)	[arkoba'leno]

blanco (adj)	bianco	['bjanko]
negro (adj)	nero	['nero]
gris (adj)	grigio	['gridʒo]

verde (adj)	verde	['verde]
amarillo (adj)	giallo	['dʒallo]
rojo (adj)	rosso	['rosso]
azul (adj)	blu	['blu]
azul claro (adj)	azzurro	[ad'dzurro]
rosa (adj)	rosa	['roza]
naranja (adj)	arancione	[aran'tʃone]
violeta (adj)	violetto	[vio'letto]
marrón (adj)	marrone	[mar'rone]

dorado (adj)	d'oro	['doro]
argentado (adj)	argenteo	[ar'dʒenteo]
beige (adj)	beige	[beʒ]
crema (adj)	color crema	[ko'lor 'krema]
turquesa (adj)	turchese	[tur'keze]
rojo cereza (adj)	rosso ciliegia (f)	['rosso tʃi'ljedʒa]
lila (adj)	lilla	['lilla]
carmesí (adj)	rosso lampone	['rosso lam'pone]

claro (adj)	chiaro	['kjaro]
oscuro (adj)	scuro	['skuro]
vivo (adj)	vivo, vivido	['vivo], ['vivido]

de color (lápiz ~)	colorato	[kolo'rato]
en colores (película ~)	a colori	[a ko'lori]
blanco y negro (adj)	bianco e nero	['bjanko e 'nero]
unicolor (adj)	in tinta unita	[in 'tinta u'nita]
multicolor (adj)	multicolore	[multiko'lore]

| peso (m) | peso (m) | ['pezo] |
| longitud (f) | lunghezza (f) | [lun'gettsa] |

anchura (f)	larghezza (f)	[lar'gettsa]
altura (f)	altezza (f)	[al'tettsa]
profundidad (f)	profondità (f)	[profondi'ta]
volumen (m)	volume (m)	[vo'lume]
área (f)	area (f)	['area]

gramo (m)	grammo (m)	['grammo]
miligramo (m)	milligrammo (m)	[milli'grammo]
kilogramo (m)	chilogrammo (m)	[kilo'grammo]
tonelada (f)	tonnellata (f)	[tonnel'lata]
libra (f)	libbra (f)	['libbra]
onza (f)	oncia (f)	['ontʃa]

metro (m)	metro (m)	['metro]
milímetro (m)	millimetro (m)	[mil'limetro]
centímetro (m)	centimetro (m)	[tʃen'timetro]
kilómetro (m)	chilometro (m)	[ki'lometro]
milla (f)	miglio (m)	['miʎʎo]

pulgada (f)	pollice (m)	['pollitʃe]
pie (m)	piede (f)	['pjede]
yarda (f)	iarda (f)	[jarda]

metro (m) cuadrado	metro (m) quadro	['metro 'kwadro]
hectárea (f)	ettaro (m)	['ettaro]
litro (m)	litro (m)	['litro]
grado (m)	grado (m)	['grado]
voltio (m)	volt (m)	[volt]
amperio (m)	ampere (m)	[am'pere]
caballo (m) de fuerza	cavallo vapore (m)	[ka'vallo va'pore]

cantidad (f)	quantità (f)	[kwanti'ta]
un poco de …	un po'di …	[un po di]
mitad (f)	metà (f)	[me'ta]
docena (f)	dozzina (f)	[dod'dzina]
pieza (f)	pezzo (m)	['pettso]

| dimensión (f) | dimensione (f) | [dimen'sjone] |
| escala (f) (del mapa) | scala (f) | ['skala] |

mínimo (adj)	minimo	['minimo]
el más pequeño (adj)	minore	[mi'nore]
medio (adj)	medio	['medio]
máximo (adj)	massimo	['massimo]
el más grande (adj)	maggiore	[ma'dʒore]

12. Contenedores

| tarro (m) de vidrio | barattolo (m) di vetro | [ba'rattolo di 'vetro] |
| lata (f) | latta (f), lattina (f) | ['latta], [lat'tina] |

cubo (m)	**secchio** (m)	['sekkio]
barril (m)	**barile** (m), **botte** (f)	[ba'rile], ['botte]
palangana (f)	**catino** (m)	[ka'tino]
tanque (m)	**serbatoio** (m)	[serba'tojo]
petaca (f) (de alcohol)	**fiaschetta** (f)	[fias'ketta]
bidón (m) de gasolina	**tanica** (f)	['tanika]
cisterna (f)	**cisterna** (f)	[tʃi'sterna]
taza (f) (mug de cerámica)	**tazza** (f)	['tattsa]
taza (f) (~ de café)	**tazzina** (f)	[tat'tsina]
platillo (m)	**piattino** (m)	[pjat'tino]
vaso (m) (~ de agua)	**bicchiere** (m)	[bik'kjere]
copa (f) (~ de vino)	**calice** (m)	['kalitʃe]
olla (f)	**casseruola** (f)	[kasseru'ola]
botella (f)	**bottiglia** (f)	[bot'tiʎʎa]
cuello (m) de botella	**collo** (m)	['kollo]
garrafa (f)	**caraffa** (f)	[ka'raffa]
jarro (m) (~ de agua)	**brocca** (f)	['brokka]
recipiente (m)	**recipiente** (m)	[retʃi'pjente]
tarro (m)	**vaso** (m) **di coccio**	['vazo di 'kotʃo]
florero (m)	**vaso** (m)	['vazo]
frasco (m) (~ de perfume)	**boccetta** (f)	[bo'tʃetta]
frasquito (m)	**fiala** (f)	[fi'ala]
tubo (m)	**tubetto** (m)	[tu'betto]
saco (m) (~ de azúcar)	**sacco** (m)	['sakko]
bolsa (f) (~ plástica)	**sacchetto** (m)	[sak'ketto]
paquete (m) (~ de cigarrillos)	**pacchetto** (m)	[pak'ketto]
caja (f)	**scatola** (f)	['skatola]
cajón (m) (~ de madera)	**cassa** (f)	['kassa]
cesta (f)	**cesta** (f)	['tʃesta]

LOS VERBOS
MÁS IMPORTANTES

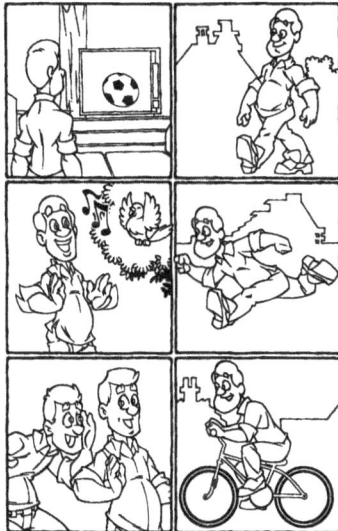

T&P Books Publishing

abrir (vt)	**aprire** (vt)	[a'prire]
acabar, terminar (vt)	**finire** (vt)	[fi'nire]
aconsejar (vt)	**consigliare** (vt)	[konsiʎ'ʎare]
adivinar (vt)	**indovinare** (vt)	[indovi'nare]
advertir (vt)	**avvertire** (vt)	[avver'tire]
alabarse, jactarse (vr)	**vantarsi** (vr)	[van'tarsi]
almorzar (vi)	**pranzare** (vi)	[pran'tsare]
alquilar (~ una casa)	**affittare** (vt)	[affit'tare]
amenazar (vt)	**minacciare** (vt)	[mina'tʃare]
arrepentirse (vr)	**rincrescere** (vi)	[rin'kreʃere]
ayudar (vt)	**aiutare** (vt)	[aju'tare]
bañarse (vr)	**fare il bagno**	['fare il 'baɲo]
bromear (vi)	**scherzare** (vi)	[sker'tsare]
buscar (vt)	**cercare** (vt)	[tʃer'kare]
caer (vi)	**cadere** (vi)	[ka'dere]
callarse (vr)	**tacere** (vi)	[ta'tʃere]
cambiar (vt)	**cambiare** (vt)	[kam'bjare]
castigar, punir (vt)	**punire** (vt)	[pu'nire]
cavar (vt)	**scavare** (vt)	[ska'vare]
cazar (vi, vt)	**cacciare** (vt)	[ka'tʃare]
cenar (vi)	**cenare** (vi)	[tʃe'nare]
cesar (vt)	**cessare** (vt)	[tʃes'sare]
coger (vt)	**afferrare** (vt)	[affer'rare]
comenzar (vt)	**cominciare** (vt)	[komin'tʃare]
comparar (vt)	**comparare** (vt)	[kompa'rare]
comprender (vt)	**capire** (vt)	[ka'pire]
confiar (vt)	**fidarsi** (vr)	[fi'darsi]
confundir (vt)	**confondere** (vt)	[kon'fondere]
conocer (~ a alguien)	**conoscere**	[ko'noʃere]
contar (vt) (enumerar)	**contare** (vt)	[kon'tare]
contar con …	**contare su …**	[kon'tare su]
continuar (vt)	**continuare** (vt)	[kontinu'are]
controlar (vt)	**controllare** (vt)	[kontrol'lare]
correr (vi)	**correre** (vi)	['korrere]
costar (vt)	**costare** (vt)	[ko'stare]
crear (vt)	**creare** (vt)	[kre'are]

14. Los verbos más importantes. Unidad 2

dar (vt)	**dare** (vt)	['dare]
dar una pista	**dare un suggerimento**	[dare un sudʒeri'mento]
decir (vt)	**dire** (vt)	['dire]
decorar (para la fiesta)	**decorare** (vt)	[deko'rare]
defender (vt)	**difendere** (vt)	[di'fendere]
dejar caer	**lasciar cadere**	[la'ʃar ka'dere]
desayunar (vi)	**fare colazione**	['fare kola'tsjone]
descender (vi)	**scendere** (vi)	['ʃendere]
dirigir (administrar)	**dirigere** (vt)	[di'ridʒere]
disculpar (vt)	**battaglia** (f)	[bat'taʎʎa]
disculparse (vr)	**scusarsi** (vr)	[sku'zarsi]
discutir (vt)	**discutere** (vt)	[di'skutere]
dudar (vt)	**dubitare** (vi)	[dubi'tare]
encontrar (hallar)	**trovare** (vt)	[tro'vare]
engañar (vi, vt)	**ingannare** (vt)	[ingan'nare]
entrar (vi)	**entrare** (vi)	[en'trare]
enviar (vt)	**mandare** (vt)	[man'dare]
equivocarse (vr)	**sbagliare** (vi)	[zbaʎ'ʎare]
escoger (vt)	**scegliere** (vt)	['ʃeʎʎere]
esconder (vt)	**nascondere** (vt)	[na'skondere]
escribir (vt)	**scrivere** (vt)	['skrivere]
esperar (aguardar)	**aspettare** (vt)	[aspet'tare]
esperar (tener esperanza)	**sperare** (vi, vt)	[spe'rare]
estar de acuerdo	**essere d'accordo**	['essere dak'kordo]
estudiar (vt)	**studiare** (vt)	[stu'djare]
exigir (vt)	**esigere** (vt)	[e'zidʒere]
existir (vi)	**esistere** (vi)	[e'zistere]
explicar (vt)	**spiegare** (vt)	[spje'gare]
faltar (a las clases)	**mancare le lezioni**	[man'kare le le'tsjoni]
firmar (~ el contrato)	**firmare** (vt)	[fir'mare]
girar (~ a la izquierda)	**girare** (vi)	[dʒi'rare]
gritar (vi)	**gridare** (vi)	[gri'dare]
guardar (conservar)	**conservare** (vt)	[konser'vare]
gustar (vi)	**piacere** (vi)	[pja'tʃere]
hablar (vi, vt)	**parlare** (vi, vt)	[par'lare]
hacer (vt)	**fare** (vt)	['fare]
informar (vt)	**informare** (vt)	[infor'mare]
insistir (vi)	**insistere** (vi)	[in'sistere]
insultar (vt)	**insultare** (vt)	[insul'tare]
interesarse (vr)	**interessarsi di ...**	[interes'sarsi di]
invitar (vt)	**invitare** (vt)	[invi'tare]

| ir (a pie) | andare (vi) | [an'dare] |
| jugar (divertirse) | giocare (vi) | [dʒo'kare] |

15. Los verbos más importantes. Unidad 3

leer (vi, vt)	leggere (vi, vt)	['ledʒere]
liberar (ciudad, etc.)	liberare (vt)	[libe'rare]
llamar (por ayuda)	chiamare (vt)	[kja'mare]
llegar (vi)	arrivare (vi)	[arri'vare]
llorar (vi)	piangere (vi)	['pjandʒere]

matar (vt)	uccidere (vt)	[u'tʃidere]
mencionar (vt)	menzionare (vt)	[mentsjo'nare]
mostrar (vt)	mostrare (vt)	[mo'strare]
nadar (vi)	nuotare (vi)	[nuo'tare]

negarse (vr)	rifiutarsi (vr)	[rifju'tarsi]
objetar (vt)	obiettare (vt)	[objet'tare]
observar (vt)	osservare (vt)	[osser'vare]
oír (vt)	sentire (vt)	[sen'tire]

olvidar (vt)	dimenticare (vt)	[dimenti'kare]
orar (vi)	pregare (vi, vt)	[pre'gare]
ordenar (mil.)	ordinare (vt)	[ordi'nare]
pagar (vi, vt)	pagare (vi, vt)	[pa'gare]
pararse (vr)	fermarsi (vr)	[fer'marsi]

participar (vi)	partecipare (vi)	[partetʃi'pare]
pedir (ayuda, etc.)	chiedere, domandare	['kjedere], [doman'dare]
pedir (en restaurante)	ordinare (vt)	[ordi'nare]
pensar (vi, vt)	pensare (vi, vt)	[pen'sare]

percibir (ver)	accorgersi (vr)	[ak'kordʒersi]
perdonar (vt)	perdonare (vt)	[perdo'nare]
permitir (vt)	permettere (vt)	[per'mettere]
pertenecer a …	appartenere (vi)	[apparte'nere]

planear (vt)	pianificare (vt)	[pjanifi'kare]
poder (v aux)	potere (v aus)	[po'tere]
poseer (vt)	possedere (vt)	[posse'dere]
preferir (vt)	preferire (vt)	[prefe'rire]
preguntar (vt)	chiedere, domandare	['kjedere], [doman'dare]

preparar (la cena)	cucinare (vi)	[kutʃi'nare]
prever (vt)	prevedere (vt)	[preve'dere]
probar, tentar (vt)	tentare (vt)	[ten'tare]
prometer (vt)	promettere (vt)	[pro'mettere]
pronunciar (vt)	pronunciare (vt)	[pronun'tʃare]
proponer (vt)	proporre (vt)	[pro'porre]
quebrar (vt)	rompere (vt)	['rompere]

quejarse (vr)	**lamentarsi** (vr)	[lamen'tarsi]
querer (amar)	**amare qn**	[a'mare]
querer (desear)	**volere** (vt)	[vo'lere]

16. Los verbos más importantes. Unidad 4

recomendar (vt)	**raccomandare** (vt)	[rakkoman'dare]
regañar, reprender (vt)	**sgridare** (vt)	[zgri'dare]
reírse (vr)	**ridere** (vi)	['ridere]
repetir (vt)	**ripetere** (vt)	[ri'petere]
reservar (~ una mesa)	**riservare** (vt)	[rizer'vare]
responder (vi, vt)	**rispondere** (vi, vt)	[ris'pondere]

robar (vt)	**rubare** (vt)	[ru'bare]
saber (~ algo mas)	**sapere** (vt)	[sa'pere]
salir (vi)	**uscire** (vi)	[u'ʃire]
salvar (vt)	**salvare** (vt)	[sal'vare]
seguir …	**seguire** (vt)	[se'gwire]
sentarse (vr)	**sedersi** (vr)	[se'dersi]

ser necesario	**occorrere**	[ok'korrere]
ser, estar (vi)	**essere** (vi)	['essere]
significar (vt)	**significare** (vt)	[siɲifi'kare]
sonreír (vi)	**sorridere** (vi)	[sor'ridere]
sorprenderse (vr)	**stupirsi** (vr)	[stu'pirsi]

subestimar (vt)	**sottovalutare** (vt)	[sottovalu'tare]
tener (vt)	**avere** (vt)	[a'vere]
tener hambre	**avere fame**	[a'vere 'fame]
tener miedo	**avere paura**	[a'vere pa'ura]

tener prisa	**avere fretta**	[a'vere 'fretta]
tener sed	**avere sete**	[a'vere 'sete]
tirar, disparar (vi)	**sparare** (vi)	[spa'rare]
tocar (con las manos)	**toccare** (vt)	[tok'kare]
tomar (vt)	**prendere** (vt)	['prendere]
tomar nota	**annotare** (vt)	[anno'tare]

trabajar (vi)	**lavorare** (vi)	[lavo'rare]
traducir (vt)	**tradurre** (vt)	[tra'durre]
unir (vt)	**unire** (vt)	[u'nire]
vender (vt)	**vendere** (vt)	['vendere]
ver (vt)	**vedere** (vt)	[ve'dere]
volar (pájaro, avión)	**volare** (vi)	[vo'lare]

T&p BOOKS

LA HORA. EL CALENDARIO

T&P Books Publishing

lunes (m)	**lunedì** (m)	[lune'di]
martes (m)	**martedì** (m)	[marte'di]
miércoles (m)	**mercoledì** (m)	[merkole'di]
jueves (m)	**giovedì** (m)	[dʒove'di]
viernes (m)	**venerdì** (m)	[vener'di]
sábado (m)	**sabato** (m)	['sabato]
domingo (m)	**domenica** (f)	[do'menika]
hoy (adv)	**oggi**	['odʒi]
mañana (adv)	**domani**	[do'mani]
pasado mañana	**dopodomani**	[dopodo'mani]
ayer (adv)	**ieri**	['jeri]
anteayer (adv)	**l'altro ieri**	['laltro 'jeri]
día (m)	**giorno** (m)	['dʒorno]
día (m) de trabajo	**giorno** (m) **lavorativo**	['dʒorno lavora'tivo]
día (m) de fiesta	**giorno** (m) **festivo**	['dʒorno fes'tivo]
día (m) de descanso	**giorno** (m) **di riposo**	['dʒorno di ri'pozo]
fin (m) de semana	**fine** (m) **settimana**	['fine setti'mana]
todo el día	**tutto il giorno**	['tutto il 'dʒorno]
al día siguiente	**l'indomani**	[lindo'mani]
dos días atrás	**due giorni fa**	['due 'dʒorni fa]
en vísperas (adv)	**il giorno prima**	[il 'dʒorno 'prima]
diario (adj)	**quotidiano**	[kwoti'djano]
cada día (adv)	**ogni giorno**	['oɲi 'dʒorno]
semana (f)	**settimana** (f)	[setti'mana]
semana (f) pasada	**la settimana scorsa**	[la setti'mana 'skorsa]
semana (f) que viene	**la settimana prossima**	[la setti'mana 'prossima]
semanal (adj)	**settimanale**	[settima'nale]
cada semana (adv)	**ogni settimana**	['oɲi setti'mana]
2 veces por semana	**due volte** **alla settimana**	['due 'volte 'alla setti'mana]
todos los martes	**ogni martedì**	['oɲi marte'di]

mañana (f)	**mattina** (f)	[mat'tina]
por la mañana	**di mattina**	[di mat'tina]
mediodía (m)	**mezzogiorno** (m)	[meddzo'dʒorno]
por la tarde	**nel pomeriggio**	[nel pome'ridʒo]

noche (f)	sera (f)	['sera]
por la noche	di sera	[di 'sera]
noche (f) (p.ej. 2:00 a.m.)	notte (f)	['notte]
por la noche	di notte	[di 'notte]
medianoche (f)	mezzanotte (f)	[meddza'notte]
segundo (m)	secondo (m)	[se'kondo]
minuto (m)	minuto (m)	[mi'nuto]
hora (f)	ora (f)	['ora]
media hora (f)	mezzora (f)	[med'dzora]
cuarto (m) de hora	un quarto d'ora	[un 'kwarto 'dora]
quince minutos	quindici minuti	['kwinditʃi mi'nuti]
veinticuatro horas	ventiquattro ore	[venti'kwattro 'ore]
salida (f) del sol	levata (f) del sole	[le'vata del 'sole]
amanecer (m)	alba (f)	['alba]
madrugada (f)	mattutino (m)	[mattu'tino]
puesta (f) del sol	tramonto (m)	[tra'monto]
de madrugada	di buon mattino	[di bu'on mat'tino]
esta mañana	stamattina	[stamat'tina]
mañana por la mañana	domattina	[domat'tina]
esta tarde	oggi pomeriggio	['odʒi pome'ridʒo]
por la tarde	nel pomeriggio	[nel pome'ridʒo]
mañana por la tarde	domani pomeriggio	[do'mani pome'ridʒo]
esta noche (p.ej. 8:00 p.m.)	stasera	[sta'sera]
mañana por la noche	domani sera	[do'mani 'sera]
a las tres en punto	alle tre precise	['alle tre pre'tʃize]
a eso de las cuatro	verso le quattro	['verso le 'kwattro]
para las doce	per le dodici	[per le 'doditʃi]
dentro de veinte minutos	fra venti minuti	[fra 'venti mi'nuti]
dentro de una hora	fra un'ora	[fra un 'ora]
a tiempo (adv)	puntualmente	[puntual'mente]
… menos cuarto	un quarto di …	[un 'kwarto di]
durante una hora	entro un'ora	['entro un 'ora]
cada quince minutos	ogni quindici minuti	['oɲi 'kwinditʃi mi'nuti]
día y noche	giorno e notte	['dʒorno e 'notte]

19. Los meses. Las estaciones

enero (m)	gennaio (m)	[dʒen'najo]
febrero (m)	febbraio (m)	[feb'brajo]
marzo (m)	marzo (m)	['martso]
abril (m)	aprile (m)	[a'prile]

mayo (m)	**maggio** (m)	['madʒo]
junio (m)	**giugno** (m)	['dʒuɲo]
julio (m)	**luglio** (m)	['luʎʎo]
agosto (m)	**agosto** (m)	[a'gosto]
septiembre (m)	**settembre** (m)	[set'tembre]
octubre (m)	**ottobre** (m)	[ot'tobre]
noviembre (m)	**novembre** (m)	[no'vembre]
diciembre (m)	**dicembre** (m)	[di'tʃembre]
primavera (f)	**primavera** (f)	[prima'vera]
en primavera	**in primavera**	[in prima'vera]
de primavera (adj)	**primaverile**	[primave'rile]
verano (m)	**estate** (f)	[e'state]
en verano	**in estate**	[in e'state]
de verano (adj)	**estivo**	[e'stivo]
otoño (m)	**autunno** (m)	[au'tunno]
en otoño	**in autunno**	[in au'tunno]
de otoño (adj)	**autunnale**	[autun'nale]
invierno (m)	**inverno** (m)	[in'verno]
en invierno	**in inverno**	[in in'verno]
de invierno (adj)	**invernale**	[inver'nale]
mes (m)	**mese** (m)	['meze]
este mes	**questo mese**	['kwesto 'meze]
al mes siguiente	**il mese prossimo**	[il 'meze 'prossimo]
el mes pasado	**il mese scorso**	[il 'meze 'skorso]
hace un mes	**un mese fa**	[un 'meze fa]
dentro de un mes	**fra un mese**	[fra un 'meze]
dentro de dos meses	**fra due mesi**	[fra 'due 'mezi]
todo el mes	**un mese intero**	[un 'meze in'tero]
todo un mes	**per tutto il mese**	[per 'tutto il 'meze]
mensual (adj)	**mensile**	[men'sile]
mensualmente (adv)	**mensilmente**	[mensil'mente]
cada mes	**ogni mese**	['oɲi 'meze]
dos veces por mes	**due volte al mese**	['due 'volte al 'meze]
año (m)	**anno** (m)	['anno]
este año	**quest'anno**	[kwest'anno]
el próximo año	**l'anno prossimo**	['lanno 'prossimo]
el año pasado	**l'anno scorso**	['lanno 'skorso]
hace un año	**un anno fa**	[un 'anno fa]
dentro de un año	**fra un anno**	[fra un 'anno]
dentro de dos años	**fra due anni**	[fra 'due 'anni]
todo el año	**un anno intero**	[un 'anno in'tero]
todo un año	**per tutto l'anno**	[per 'tutto 'lanno]

cada año	**ogni anno**	['oɲi 'anno]
anual (adj)	**annuale**	[annu'ale]
anualmente (adv)	**annualmente**	[annual'mente]
cuatro veces por año	**quattro volte all'anno**	['kwattro 'volte all 'anno]
fecha (f) (la ~ de hoy es …)	**data** (f)	['data]
fecha (f) (~ de entrega)	**data** (f)	['data]
calendario (m)	**calendario** (m)	[kalen'dario]
medio año (m)	**mezz'anno** (m)	[med'dzanno]
seis meses	**semestre** (m)	[se'mestre]
estación (f)	**stagione** (f)	[sta'dʒone]
siglo (m)	**secolo** (m)	['sekolo]

EL VIAJE. EL HOTEL

T&P Books Publishing

turismo (m)	**turismo** (m)	[tu'rizmo]
turista (m)	**turista** (m)	[tu'rista]
viaje (m)	**viaggio** (m)	['vjadʒo]
aventura (f)	**avventura** (f)	[avven'tura]
viaje (m) (p.ej. ~ en coche)	**viaggio** (m)	['vjadʒo]
vacaciones (f pl)	**vacanza** (f)	[va'kantsa]
estar de vacaciones	**essere in vacanza**	['essere in va'kantsa]
descanso (m)	**riposo** (m)	[ri'pozo]
tren (m)	**treno** (m)	['treno]
en tren	**in treno**	[in 'treno]
avión (m)	**aereo** (m)	[a'ereo]
en avión	**in aereo**	[in a'ereo]
en coche	**in macchina**	[in 'makkina]
en barco	**in nave**	[in 'nave]
equipaje (m)	**bagaglio** (m)	[ba'gaʎʎo]
maleta (f)	**valigia** (f)	[va'lidʒa]
carrito (m) de equipaje	**carrello** (m)	[kar'rello]
pasaporte (m)	**passaporto** (m)	[passa'porto]
visado (m)	**visto** (m)	['visto]
billete (m)	**biglietto** (m)	[biʎ'ʎetto]
billete (m) de avión	**biglietto** (m) **aereo**	[biʎ'ʎetto a'ereo]
guía (f) (libro)	**guida** (f)	['gwida]
mapa (m)	**carta** (f) **geografica**	['karta dʒeo'grafika]
área (f) (~ rural)	**località** (f)	[lokali'ta]
lugar (m)	**luogo** (m)	[lu'ogo]
exotismo (m)	**ogetti** (m pl) **esotici**	[o'dʒetti e'zotitʃi]
exótico (adj)	**esotico**	[e'zotiko]
asombroso (adj)	**sorprendente**	[sorpren'dente]
grupo (m)	**gruppo** (m)	['gruppo]
excursión (f)	**escursione** (f)	[eskur'sjone]
guía (m) (persona)	**guida** (f)	['gwida]

21. El hotel

hotel (m)	**albergo, hotel** (m)	[al'bergo], [o'tel]
motel (m)	**motel** (m)	[mo'tel]

de tres estrellas	**tre stelle**	[tre 'stelle]
de cinco estrellas	**cinque stelle**	['t͡ʃinkwe 'stelle]
hospedarse (vr)	**alloggiare** (vi)	[allo'd͡ʒare]
habitación (f)	**camera** (f)	['kamera]
habitación (f) individual	**camera** (f) **singola**	['kamera 'singola]
habitación (f) doble	**camera** (f) **doppia**	['kamera 'doppia]
reservar una habitación	**prenotare una camera**	[preno'tare 'una 'kamera]
media pensión (f)	**mezza pensione** (f)	['medd͡za pen'sjone]
pensión (f) completa	**pensione** (f) **completa**	[pen'sjone kom'pleta]
con baño	**con bagno**	[kon 'baɲo]
con ducha	**con doccia**	[kon 'dot͡ʃa]
televisión (f) satélite	**televisione** (f) **satellitare**	[televi'zjone satelli'tare]
climatizador (m)	**condizionatore** (m)	[konditsiona'tore]
toalla (f)	**asciugamano** (m)	[aʃuga'mano]
llave (f)	**chiave** (f)	['kjave]
administrador (m)	**amministratore** (m)	[amministra'tore]
camarera (f)	**cameriera** (f)	[kame'rjera]
maletero (m)	**portabagagli** (m)	[porta·ba'gaʎʎi]
portero (m)	**portiere** (m)	[por'tjere]
restaurante (m)	**ristorante** (m)	[risto'rante]
bar (m)	**bar** (m)	[bar]
desayuno (m)	**colazione** (f)	[kola'tsjone]
cena (f)	**cena** (f)	['t͡ʃena]
buffet (m) libre	**buffet** (m)	[buf'fe]
vestíbulo (m)	**hall** (f)	[oll]
ascensor (m)	**ascensore** (m)	[aʃen'sore]
NO MOLESTAR	**NON DISTURBARE**	[non distur'bare]
PROHIBIDO FUMAR	**VIETATO FUMARE!**	[vje'tato fu'mare]

22. El turismo. La excursión

monumento (m)	**monumento** (m)	[monu'mento]
fortaleza (f)	**fortezza** (f)	[for'tettsa]
palacio (m)	**palazzo** (m)	[pa'lattso]
castillo (m)	**castello** (m)	[ka'stello]
torre (f)	**torre** (f)	['torre]
mausoleo (m)	**mausoleo** (m)	[mauzo'leo]
arquitectura (f)	**architettura** (f)	[arkitet'tura]
medieval (adj)	**medievale**	[medje'vale]
antiguo (adj)	**antico**	[an'tiko]
nacional (adj)	**nazionale**	[natsio'nale]
conocido (adj)	**famoso**	[fa'mozo]

turista (m)	**turista** (m)	[tu'rista]
guía (m) (persona)	**guida** (f)	['gwida]
excursión (f)	**escursione** (f)	[eskur'sjone]
mostrar (vt)	**fare vedere**	['fare ve'dere]
contar (una historia)	**raccontare** (vt)	[rakkon'tare]
encontrar (hallar)	**trovare** (vt)	[tro'vare]
perderse (vr)	**perdersi** (vr)	['perdersi]
plano (m) (~ de metro)	**mappa** (f)	['mappa]
mapa (m) (~ de la ciudad)	**piantina** (f)	[pjan'tina]
recuerdo (m)	**souvenir** (m)	[suve'nir]
tienda (f) de regalos	**negozio** (m) **di articoli da regalo**	[ne'gotsio di ar'tikoli da re'galo]
hacer fotos	**fare foto**	['fare 'foto]
fotografiarse (vr)	**fotografarsi**	[fotogra'farsi]

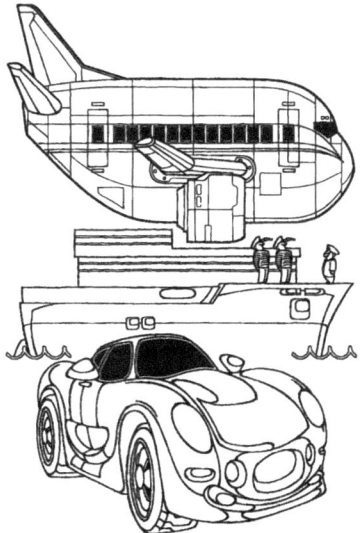

EL TRANSPORTE

T&P Books Publishing

aeropuerto (m)	**aeroporto** (m)	[aero'porto]
avión (m)	**aereo** (m)	[a'ereo]
compañía (f) aérea	**compagnia** (f) **aerea**	[kompa'ɲia a'erea]
controlador (m) aéreo	**controllore** (m) **di volo**	[kontrol'lore di 'volo]
despegue (m)	**partenza** (f)	[par'tentsa]
llegada (f)	**arrivo** (m)	[ar'rivo]
llegar (en avión)	**arrivare** (vi)	[arri'vare]
hora (f) de salida	**ora** (f) **di partenza**	['ora di par'tentsa]
hora (f) de llegada	**ora** (f) **di arrivo**	['ora di ar'rivo]
retrasarse (vr)	**essere ritardato**	['essere ritar'dato]
retraso (m) de vuelo	**volo** (m) **ritardato**	['volo ritar'dato]
pantalla (f) de información	**tabellone** (m) **orari**	[tabel'lone o'rari]
información (f)	**informazione** (f)	[informa'tsjone]
anunciar (vt)	**annunciare** (vt)	[annun'tʃare]
vuelo (m)	**volo** (m)	['volo]
aduana (f)	**dogana** (f)	[do'gana]
aduanero (m)	**doganiere** (m)	[doga'njere]
declaración (f) de aduana	**dichiarazione** (f)	[dikjara'tsjone]
rellenar (vt)	**riempire** (vt)	[riem'pire]
rellenar la declaración	**riempire** **una dichiarazione**	[riem'pire 'una dikjara'tsjone]
control (m) de pasaportes	**controllo** (m) **passaporti**	[kon'trollo passa'porti]
equipaje (m)	**bagaglio** (m)	[ba'gaʎʎo]
equipaje (m) de mano	**bagaglio** (m) **a mano**	[ba'gaʎʎo a 'mano]
carrito (m) de equipaje	**carrello** (m)	[kar'rello]
aterrizaje (m)	**atterraggio** (m)	[atter'radʒo]
pista (f) de aterrizaje	**pista** (f) **di atterraggio**	['pista di atter'radʒo]
aterrizar (vi)	**atterrare** (vi)	[atter'rare]
escaleras (f pl) (de avión)	**scaletta** (f) **dell'aereo**	[ska'letta dell a'ereo]
facturación (f) (check-in)	**check-in** (m)	[tʃek-in]
mostrador (m) de facturación	**banco** (m) **del check-in**	['banko del tʃek-in]
hacer el check-in	**fare il check-in**	['fare il tʃek-in]
tarjeta (f) de embarque	**carta** (f) **d'imbarco**	['karta dim'barko]
puerta (f) de embarque	**porta** (f) **d'imbarco**	['porta dim'barko]

tránsito (m)	**transito** (m)	['tranzito]
esperar (aguardar)	**aspettare** (vt)	[aspet'tare]
zona (f) de preembarque	**sala** (f) **d'attesa**	['sala dat'teza]
despedir (vt)	**accompagnare** (vt)	[akkompa'ɲare]
despedirse (vr)	**congedarsi** (vr)	[kondʒe'darsi]

24. El avión

avión (m)	**aereo** (m)	[a'ereo]
billete (m) de avión	**biglietto** (m) **aereo**	[biʎ'ʎetto a'ereo]
compañía (f) aérea	**compagnia** (f) **aerea**	[kompa'ɲia a'erea]
aeropuerto (m)	**aeroporto** (m)	[aero'porto]
supersónico (adj)	**supersonico**	[super'soniko]
comandante (m)	**comandante** (m)	[koman'dante]
tripulación (f)	**equipaggio** (m)	[ekwi'padʒo]
piloto (m)	**pilota** (m)	[pi'lota]
azafata (f)	**hostess** (f)	['ostess]
navegador (m)	**navigatore** (m)	[naviga'tore]
alas (f pl)	**ali** (f pl)	['ali]
cola (f)	**coda** (f)	['koda]
cabina (f)	**cabina** (f)	[ka'bina]
motor (m)	**motore** (m)	[mo'tore]
tren (m) de aterrizaje	**carrello** (m) **d'atterraggio**	[kar'rello datter'radʒo]
turbina (f)	**turbina** (f)	[tur'bina]
hélice (f)	**elica** (f)	['elika]
caja (f) negra	**scatola** (f) **nera**	['skatola 'nera]
timón (m)	**barra** (f) **di comando**	['barra di ko'mando]
combustible (m)	**combustibile** (m)	[kombu'stibile]
instructivo (m) de seguridad	**safety card** (f)	['sejfti kard]
respirador (m) de oxígeno	**maschera** (f) **ad ossigeno**	['maskera ad os'sidʒeno]
uniforme (m)	**uniforme** (f)	[uni'forme]
chaleco (m) salvavidas	**giubbotto** (m) **di salvataggio**	[dʒub'botto di salva'tadʒo]
paracaídas (m)	**paracadute** (m)	[paraka'dute]
despegue (m)	**decollo** (m)	[de'kollo]
despegar (vi)	**decollare** (vi)	[dekol'lare]
pista (f) de despegue	**pista** (f) **di decollo**	['pista di de'kollo]
visibilidad (f)	**visibilità** (f)	[vizibili'ta]
vuelo (m)	**volo** (m)	['volo]
altura (f)	**altitudine** (f)	[alti'tudine]
pozo (m) de aire	**vuoto** (m) **d'aria**	[vu'oto 'daria]
asiento (m)	**posto** (m)	['posto]
auriculares (m pl)	**cuffia** (f)	['kuffia]

mesita (f) plegable	**tavolinetto** (m) **pieghevole**	[tavoli'netto pje'gevole]
ventana (f)	**oblò** (m)**, finestrino** (m)	[ob'lo], [fine'strino]
pasillo (m)	**corridoio** (m)	[korri'dojo]

25. El tren

tren (m)	**treno** (m)	['treno]
tren (m) de cercanías	**elettrotreno** (m)	[elettro'treno]
tren (m) rápido	**treno** (m) **rapido**	['treno 'rapido]
locomotora (f) diésel	**locomotiva** (f) **diesel**	[lokomo'tiva 'dizel]
tren (m) de vapor	**locomotiva** (f) **a vapore**	[lokomo'tiva a va'pore]
coche (m)	**carrozza** (f)	[kar'rottsa]
coche (m) restaurante	**vagone** (m) **ristorante**	[va'gone risto'rante]
rieles (m pl)	**rotaie** (f pl)	[ro'taje]
ferrocarril (m)	**ferrovia** (f)	[ferro'via]
traviesa (f)	**traversa** (f)	[tra'versa]
plataforma (f)	**banchina** (f)	[baŋ'kina]
vía (f)	**binario** (m)	[bi'nario]
semáforo (m)	**semaforo** (m)	[se'maforo]
estación (f)	**stazione** (f)	[sta'tsjone]
maquinista (m)	**macchinista** (m)	[makki'nista]
maletero (m)	**portabagagli** (m)	[porta·ba'gaʎʎi]
mozo (m) del vagón	**cuccettista** (m, f)	[kutʃet'tista]
pasajero (m)	**passeggero** (m)	[passe'dʒero]
revisor (m)	**controllore** (m)	[kontrol'lore]
corredor (m)	**corridoio** (m)	[korri'dojo]
freno (m) de urgencia	**freno** (m) **di emergenza**	['freno di emer'dʒentsa]
compartimiento (m)	**scompartimento** (m)	[skomparti'mento]
litera (f)	**cuccetta** (f)	[ku'tʃetta]
litera (f) de arriba	**cuccetta** (f) **superiore**	[ku'tʃetta supe'rjore]
litera (f) de abajo	**cuccetta** (f) **inferiore**	[ku'tʃetta infe'rjore]
ropa (f) de cama	**biancheria** (f) **da letto**	[bjanke'ria da 'letto]
billete (m)	**biglietto** (m)	[biʎ'ʎetto]
horario (m)	**orario** (m)	[o'rario]
pantalla (f) de información	**tabellone** (m) **orari**	[tabel'lone o'rari]
partir (vi)	**partire** (vi)	[par'tire]
partida (f) (del tren)	**partenza** (f)	[par'tentsa]
llegar (tren)	**arrivare** (vi)	[arri'vare]
llegada (f)	**arrivo** (m)	[ar'rivo]
llegar en tren	**arrivare con il treno**	[arri'vare kon il 'treno]
tomar el tren	**salire sul treno**	[sa'lire sul 'treno]

bajar del tren	**scendere dal treno**	[ˈʃendere dal ˈtreno]
descarrilamiento (m)	**deragliamento** (m)	[deraʎʎaˈmento]
descarrilarse (vr)	**deragliare** (vi)	[deraʎˈʎare]
tren (m) de vapor	**locomotiva** (f) **a vapore**	[lokomoˈtiva a vaˈpore]
fogonero (m)	**fuochista** (m)	[foˈkista]
hogar (m)	**forno** (m)	[ˈforno]
carbón (m)	**carbone** (m)	[karˈbone]

26. El barco

barco, buque (m)	**nave** (f)	[ˈnave]
navío (m)	**imbarcazione** (f)	[imbarkaˈtsjone]
buque (m) de vapor	**piroscafo** (m)	[piˈroskafo]
motonave (f)	**barca** (f) **fluviale**	[ˈbarka fluˈvjale]
trasatlántico (m)	**transatlantico** (m)	[transatˈlantiko]
crucero (m)	**incrociatore** (m)	[inkrotʃaˈtore]
yate (m)	**yacht** (m)	[jot]
remolcador (m)	**rimorchiatore** (m)	[rimorkjaˈtore]
barcaza (f)	**chiatta** (f)	[ˈkjatta]
ferry (m)	**traghetto** (m)	[traˈgetto]
velero (m)	**veliero** (m)	[veˈljero]
bergantín (m)	**brigantino** (m)	[briganˈtino]
rompehielos (m)	**rompighiaccio** (m)	[rompiˈgjatʃo]
submarino (m)	**sottomarino** (m)	[sottomaˈrino]
bote (m) de remo	**barca** (f)	[ˈbarka]
bote (m)	**scialuppa** (f)	[ʃaˈluppa]
bote (m) salvavidas	**scialuppa** (f) **di salvataggio**	[ʃaˈluppa di salvaˈtadʒo]
lancha (f) motora	**motoscafo** (m)	[motoˈskafo]
capitán (m)	**capitano** (m)	[kapiˈtano]
marinero (m)	**marittimo** (m)	[maˈrittimo]
marino (m)	**marinaio** (m)	[mariˈnajo]
tripulación (f)	**equipaggio** (m)	[ekwiˈpadʒo]
contramaestre (m)	**nostromo** (m)	[noˈstromo]
grumete (m)	**mozzo** (m) **di nave**	[ˈmottso di ˈnave]
cocinero (m) de abordo	**cuoco** (m)	[kuˈoko]
médico (m) del buque	**medico** (m) **di bordo**	[ˈmediko di ˈbordo]
cubierta (f)	**ponte** (m)	[ˈponte]
mástil (m)	**albero** (m)	[ˈalbero]
vela (f)	**vela** (f)	[ˈvela]
bodega (f)	**stiva** (f)	[ˈstiva]

proa (f)	**prua** (f)	['prua]
popa (f)	**poppa** (f)	['poppa]
remo (m)	**remo** (m)	['remo]
hélice (f)	**elica** (f)	['elika]
camarote (m)	**cabina** (f)	[ka'bina]
sala (f) de oficiales	**quadrato** (m) **degli ufficiali**	[kwa'drato 'deʎʎi uffi'tʃali]
sala (f) de máquinas	**sala** (f) **macchine**	['sala 'makkine]
puente (m) de mando	**ponte** (m) **di comando**	['ponte di ko'mando]
sala (f) de radio	**cabina** (f) **radiotelegrafica**	[ka'bina radiotele'grafika]
onda (f)	**onda** (f)	['onda]
cuaderno (m) de bitácora	**giornale** (m) **di bordo**	[dʒor'nale di 'bordo]
anteojo (m)	**cannocchiale** (m)	[kannok'kjale]
campana (f)	**campana** (f)	[kam'pana]
bandera (f)	**bandiera** (f)	[ban'djera]
cabo (m) (maroma)	**cavo** (m) **d'ormeggio**	['kavo dor'medʒo]
nudo (m)	**nodo** (m)	['nodo]
pasamano (m)	**ringhiera** (f)	[rin'gjera]
pasarela (f)	**passerella** (f)	[passe'rella]
ancla (f)	**ancora** (f)	['ankora]
levar ancla	**levare l'ancora**	[le'vare 'lankora]
echar ancla	**gettare l'ancora**	[dʒet'tare 'lankora]
cadena (f) del ancla	**catena** (f) **dell'ancora**	[ka'tena dell 'ankora]
puerto (m)	**porto** (m)	['porto]
embarcadero (m)	**banchina** (f)	[baŋ'kina]
amarrar (vt)	**ormeggiarsi** (vr)	[orme'dʒarsi]
desamarrar (vt)	**salpare** (vi)	[sal'pare]
viaje (m)	**viaggio** (m)	['vjadʒo]
crucero (m) (viaje)	**crociera** (f)	[kro'tʃera]
derrota (f) (rumbo)	**rotta** (f)	['rotta]
itinerario (m)	**itinerario** (m)	[itine'rario]
canal (m) navegable	**tratto** (m) **navigabile**	['tratto navi'gabile]
bajío (m)	**secca** (f)	['sekka]
encallar (vi)	**arenarsi** (vr)	[are'narsi]
tempestad (f)	**tempesta** (f)	[tem'pesta]
señal (f)	**segnale** (m)	[se'ɲale]
hundirse (vr)	**affondare** (vi)	[affon'dare]
¡Hombre al agua!	**Uomo in mare!**	[u'omo in 'mare]
SOS	**SOS**	['esse o 'esse]
aro (m) salvavidas	**salvagente** (m) **anulare**	[salva'dʒente anu'lare]

BOOKS

LA CIUDAD

T&P Books Publishing

27. El transporte urbano

autobús (m)	**autobus** (m)	['autobus]
tranvía (m)	**tram** (m)	[tram]
trolebús (m)	**filobus** (m)	['filobus]
itinerario (m)	**itinerario** (m)	[itine'rario]
número (m)	**numero** (m)	['numero]
ir en …	**andare in …**	[an'dare in]
tomar (~ el autobús)	**salire su …**	[sa'lire su]
bajar (~ del tren)	**scendere da …**	['ʃendere da]
parada (f)	**fermata** (f)	[fer'mata]
próxima parada (f)	**prossima fermata** (f)	['prossima fer'mata]
parada (f) final	**capolinea** (m)	[kapo'linea]
horario (m)	**orario** (m)	[o'rario]
esperar (aguardar)	**aspettare** (vt)	[aspet'tare]
billete (m)	**biglietto** (m)	[biʎ'ʎetto]
precio (m) del billete	**prezzo** (m) **del biglietto**	['prettso del biʎ'ʎetto]
cajero (m)	**cassiere** (m)	[kas'sjere]
control (m) de billetes	**controllo** (m) **dei biglietti**	[kon'trollo dei biʎ'ʎeti]
revisor (m)	**bigliettaio** (m)	[biʎʎet'tajo]
llegar tarde (vi)	**essere in ritardo**	['essere in ri'tardo]
perder (~ el tren)	**perdere** (vt)	['perdere]
tener prisa	**avere fretta**	[a'vere 'fretta]
taxi (m)	**taxi** (m)	['taksi]
taxista (m)	**taxista** (m)	[ta'ksista]
en taxi	**in taxi**	[in 'taksi]
parada (f) de taxi	**parcheggio** (m) **di taxi**	[par'kedʒo di 'taksi]
llamar un taxi	**chiamare un taxi**	[kja'mare un 'taksi]
tomar un taxi	**prendere un taxi**	['prendere un 'taksi]
tráfico (m)	**traffico** (m)	['traffiko]
atasco (m)	**ingorgo** (m)	[in'gorgo]
horas (f pl) de punta	**ore** (f pl) **di punta**	['ore di 'punta]
aparcar (vi)	**parcheggiarsi** (vr)	[parke'dʒarsi]
aparcar (vt)	**parcheggiare** (vt)	[parke'dʒare]
aparcamiento (m)	**parcheggio** (m)	[par'kedʒo]
metro (m)	**metropolitana** (f)	[metropoli'tana]
estación (f)	**stazione** (f)	[sta'tsjone]
ir en el metro	**prendere la metropolitana**	['prendere la metropoli'tana]

tren (m)	**treno** (m)	['treno]
estación (f)	**stazione** (f) **ferroviaria**	[sta'tsjone ferro'vjaria]

28. La ciudad. La vida en la ciudad

ciudad (f)	**città** (f)	[ʧit'ta]
capital (f)	**capitale** (f)	[kapi'tale]
aldea (f)	**villaggio** (m)	[vil'ladʒo]
plano (m) de la ciudad	**mappa** (f) **della città**	['mappa 'della ʧit'ta]
centro (m) de la ciudad	**centro** (m) **della città**	['ʧentro 'della ʧit'ta]
suburbio (m)	**sobborgo** (m)	[sob'borgo]
suburbano (adj)	**suburbano**	[subur'bano]
arrabal (m)	**periferia** (f)	[perife'ria]
afueras (f pl)	**dintorni** (m pl)	[din'torni]
barrio (m)	**isolato** (m)	[izo'lato]
zona (f) de viviendas	**quartiere** (m) **residenziale**	[kwar'tjere rezidɛn'tsjale]
tráfico (m)	**traffico** (m)	['traffiko]
semáforo (m)	**semaforo** (m)	[se'maforo]
transporte (m) urbano	**trasporti** (m pl) **urbani**	[tras'porti ur'bani]
cruce (m)	**incrocio** (m)	[in'krotʃo]
paso (m) de peatones	**passaggio** (m) **pedonale**	[pas'sadʒo pedo'nale]
paso (m) subterráneo	**sottopassaggio** (m)	[sotto·pas'sadʒo]
cruzar (vt)	**attraversare** (vt)	[attraver'sare]
peatón (m)	**pedone** (m)	[pe'done]
acera (f)	**marciapiede** (m)	[martʃa'pjede]
puente (m)	**ponte** (m)	['ponte]
muelle (m)	**banchina** (f)	[baŋ'kina]
fuente (f)	**fontana** (f)	[fon'tana]
alameda (f)	**vialetto** (m)	[via'letto]
parque (m)	**parco** (m)	['parko]
bulevar (m)	**boulevard** (m)	[bul'var]
plaza (f)	**piazza** (f)	['pjattsa]
avenida (f)	**viale** (m), **corso** (m)	[vi'ale], ['korso]
calle (f)	**via** (f), **strada** (f)	['via], ['strada]
callejón (m)	**vicolo** (m)	['vikolo]
callejón (m) sin salida	**vicolo** (m) **cieco**	['vikolo 'tʃjeko]
casa (f)	**casa** (f)	['kaza]
edificio (m)	**edificio** (m)	[edi'fitʃo]
rascacielos (m)	**grattacielo** (m)	[gratta'tʃelo]
fachada (f)	**facciata** (f)	[fa'tʃata]
techo (m)	**tetto** (m)	['tetto]

ventana (f)	finestra (f)	[fi'nestra]
arco (m)	arco (m)	['arko]
columna (f)	colonna (f)	[ko'lonna]
esquina (f)	angolo (m)	['angolo]

escaparate (f)	vetrina (f)	[ve'trina]
letrero (m) (~ luminoso)	insegna (f)	[in'seɲa]
cartel (m)	cartellone (m)	[kartel'lone]
cartel (m) publicitario	cartellone (m) pubblicitario	[kartel'lone pubbliʧi'tario]
valla (f) publicitaria	tabellone (m) pubblicitario	[tabel'lone pubbliʧi'tario]

basura (f)	pattume (m), spazzatura (f)	[pat'tume], [spattsa'tura]
cajón (m) de basura	pattumiera (f)	[pattu'mjera]
tirar basura	sporcare (vi)	[spor'kare]
basurero (m)	discarica (f) di rifiuti	[dis'karika di ri'fjuti]

cabina (f) telefónica	cabina (f) telefonica	[ka'bina tele'fonika]
farola (f)	lampione (m)	[lam'pjone]
banco (m) (del parque)	panchina (f)	[paŋ'kina]

policía (m)	poliziotto (m)	[poli'tsjotto]
policía (f) (~ nacional)	polizia (f)	[poli'tsia]
mendigo (m)	mendicante (m)	[mendi'kante]
persona (f) sin hogar	barbone (m)	[bar'bone]

29. Las instituciones urbanas

tienda (f)	negozio (m)	[ne'gotsio]
farmacia (f)	farmacia (f)	[farma'ʧia]
óptica (f)	ottica (f)	['ottika]
centro (m) comercial	centro (m) commerciale	['ʧentro kommer'ʧale]
supermercado (m)	supermercato (m)	[supermer'kato]

panadería (f)	panetteria (f)	[panette'ria]
panadero (m)	fornaio (m)	[for'najo]
pastelería (f)	pasticceria (f)	[pastiʧe'ria]
tienda (f) de comestibles	drogheria (f)	[droge'ria]
carnicería (f)	macelleria (f)	[maʧelle'ria]

| verdulería (f) | fruttivendolo (m) | [frutti'vendolo] |
| mercado (m) | mercato (m) | [mer'kato] |

cafetería (f)	caffè (m)	[kaf'fe]
restaurante (m)	ristorante (m)	[risto'rante]
cervecería (f)	birreria (f), pub (m)	[birre'ria], [pab]
pizzería (f)	pizzeria (f)	[pittse'ria]
peluquería (f)	salone (m) di parrucchiere	[sa'lone di parruk'kjere]

oficina (f) de correos	**ufficio** (m) **postale**	[uf'fitʃo po'stale]
tintorería (f)	**lavanderia** (f) **a secco**	[lavande'ria a 'sekko]
estudio (m) fotográfico	**studio** (m) **fotografico**	['studio foto'grafiko]
zapatería (f)	**negozio** (m) **di scarpe**	[ne'gotsio di 'skarpe]
librería (f)	**libreria** (f)	[libre'ria]
tienda (f) deportiva	**negozio** (m) **sportivo**	[ne'gotsio spor'tivo]
arreglos (m pl) de ropa	**riparazione** (f) **di abiti**	[ripara'tsjone di 'abiti]
alquiler (m) de ropa	**noleggio** (m) **di abiti**	[no'ledʒo di 'abiti]
videoclub (m)	**noleggio** (m) **di film**	[no'ledʒo di film]
circo (m)	**circo** (m)	['tʃirko]
zoológico (m)	**zoo** (m)	['dzoo]
cine (m)	**cinema** (m)	['tʃinema]
museo (m)	**museo** (m)	[mu'zeo]
biblioteca (f)	**biblioteca** (f)	[biblio'teka]
teatro (m)	**teatro** (m)	[te'atro]
ópera (f)	**teatro** (m) **dell'opera**	[te'atro dell 'opera]
club (m) nocturno	**locale notturno** (m)	[lo'kale not'turno]
casino (m)	**casinò** (m)	[kazi'no]
mezquita (f)	**moschea** (f)	[mos'kea]
sinagoga (f)	**sinagoga** (f)	[sina'goga]
catedral (f)	**cattedrale** (f)	[katte'drale]
templo (m)	**tempio** (m)	['tempjo]
iglesia (f)	**chiesa** (f)	['kjeza]
instituto (m)	**istituto** (m)	[isti'tuto]
universidad (f)	**università** (f)	[universi'ta]
escuela (f)	**scuola** (f)	['skwola]
prefectura (f)	**prefettura** (f)	[prefet'tura]
alcaldía (f)	**municipio** (m)	[muni'tʃipio]
hotel (m)	**albergo** (m)	[al'bergo]
banco (m)	**banca** (f)	['banka]
embajada (f)	**ambasciata** (f)	[amba'ʃata]
agencia (f) de viajes	**agenzia** (f) **di viaggi**	[adʒen'tsia di 'vjadʒi]
oficina (f) de información	**ufficio** (m) **informazioni**	[uf'fitʃo informa'tsjoni]
oficina (f) de cambio	**ufficio** (m) **dei cambi**	[uf'fitʃo dei 'kambi]
metro (m)	**metropolitana** (f)	[metropoli'tana]
hospital (m)	**ospedale** (m)	[ospe'dale]
gasolinera (f)	**distributore** (m) **di benzina**	[distribu'tore di ben'dzina]
aparcamiento (m)	**parcheggio** (m)	[par'kedʒo]

30. Los avisos

letrero (m) (~ luminoso)	insegna (f)	[in'seɲa]
cartel (m) (texto escrito)	iscrizione (f)	[iskri'tsjone]
pancarta (f)	cartellone (m)	[kartel'lone]
señal (m) de dirección	segnale (m) di direzione	[se'ɲale di dire'tsjone]
flecha (f) (signo)	freccia (f)	['fretʃa]
advertencia (f)	avvertimento (m)	[avverti'mento]
aviso (m)	avvertimento (m)	[avverti'mento]
advertir (vt)	avvertire (vt)	[avver'tire]
día (m) de descanso	giorno (m) di riposo	['dʒorno di ri'pozo]
horario (m)	orario (m)	[o'rario]
horario (m) de apertura	orario (m) di apertura	[o'rario di aper'tura]
¡BIENVENIDOS!	BENVENUTI!	[benve'nuti]
ENTRADA	ENTRATA	[en'trata]
SALIDA	USCITA	[u'ʃita]
EMPUJAR	SPINGERE	['spindʒere]
TIRAR	TIRARE	[ti'rare]
ABIERTO	APERTO	[a'perto]
CERRADO	CHIUSO	['kjuzo]
MUJERES	DONNE	['donne]
HOMBRES	UOMINI	[u'omini]
REBAJAS	SCONTI	['skonti]
SALDOS	SALDI	['saldi]
NOVEDAD	NOVITÀ!	[novi'ta]
GRATIS	GRATIS	['gratis]
¡ATENCIÓN!	ATTENZIONE!	[atten'tsjone]
COMPLETO	COMPLETO	[kom'pleto]
RESERVADO	RISERVATO	[rizer'vato]
ADMINISTRACIÓN	AMMINISTRAZIONE	[amministra'tsjone]
SÓLO PERSONAL	RISERVATO	[rizer'vato
AUTORIZADO	AL PERSONALE	al perso'nale]
CUIDADO	ATTENTI AL CANE	[at'tenti al 'kane]
CON EL PERRO		
PROHIBIDO FUMAR	VIETATO FUMARE!	[vje'tato fu'mare]
NO TOCAR	NON TOCCARE	[non tok'kare]
PELIGROSO	PERICOLOSO	[periko'lozo]
PELIGRO	PERICOLO	[pe'rikolo]
ALTA TENSIÓN	ALTA TENSIONE	['alta ten'sjone]
PROHIBIDO BAÑARSE	DIVIETO	[di'vjeto
	DI BALNEAZIONE	di balnea'tsjone]

NO FUNCIONA	**GUASTO**	['gwasto]
INFLAMABLE	**INFIAMMABILE**	[infjam'mabile]
PROHIBIDO	**VIETATO**	[vje'tato]
PROHIBIDO EL PASO	**VIETATO L'INGRESSO**	[vje'tato lin'greso]
RECIÉN PINTADO	**VERNICE FRESCA**	[ver'nitʃe 'freska]

31. Las compras

comprar (vt)	**comprare** (vt)	[kom'prare]
compra (f)	**acquisto** (m)	[a'kwisto]
hacer compras	**fare acquisti**	['fare a'kwisti]
compras (f pl)	**shopping** (m)	['ʃopping]
estar abierto (tienda)	**essere aperto**	['essere a'perto]
estar cerrado	**essere chiuso**	['essere 'kjuzo]
calzado (m)	**calzature** (f pl)	[kaltsa'ture]
ropa (f)	**abbigliamento** (m)	[abbiʎʎa'mento]
cosméticos (m pl)	**cosmetica** (f)	[ko'zmetika]
productos alimenticios	**alimentari** (m pl)	[alimen'tari]
regalo (m)	**regalo** (m)	[re'galo]
vendedor (m)	**commesso** (m)	[kom'messo]
vendedora (f)	**commessa** (f)	[kom'messa]
caja (f)	**cassa** (f)	['kassa]
espejo (m)	**specchio** (m)	['spekkio]
mostrador (m)	**banco** (m)	['banko]
probador (m)	**camerino** (m)	[kame'rino]
probar (un vestido)	**provare** (vt)	[pro'vare]
quedar (una ropa, etc.)	**stare bene**	['stare 'bene]
gustar (vi)	**piacere** (vi)	[pja'tʃere]
precio (m)	**prezzo** (m)	['prettso]
etiqueta (f) de precio	**etichetta** (f) **del prezzo**	[eti'ketta del 'prettso]
costar (vt)	**costare** (vt)	[ko'stare]
¿Cuánto?	**Quanto?**	['kwanto]
descuento (m)	**sconto** (m)	['skonto]
no costoso (adj)	**no muy caro**	[no muj 'karo]
barato (adj)	**a buon mercato**	[a bu'on mer'kato]
caro (adj)	**caro**	['karo]
Es caro	**È caro**	[e 'karo]
alquiler (m)	**noleggio** (m)	[no'ledʒo]
alquilar (vt)	**noleggiare** (vt)	[nole'dʒare]
crédito (m)	**credito** (m)	['kredito]
a crédito (adv)	**a credito**	[a 'kredito]

T&P BOOKS

LA ROPA Y LOS ACCESORIOS

T&P Books Publishing

ropa (f)	**vestiti** (m pl)	[ve'stiti]
ropa (f) de calle	**soprabito** (m)	[so'prabito]
ropa (f) de invierno	**abiti** (m pl) **invernali**	['abiti inver'nali]
abrigo (m)	**cappotto** (m)	[kap'potto]
abrigo (m) de piel	**pelliccia** (f)	[pel'litʃa]
abrigo (m) corto de piel	**pellicciotto** (m)	[pelli'tʃotto]
chaqueta (f) plumón	**piumino** (m)	[pju'mino]
cazadora (f)	**giubbotto** (m), **giaccha** (f)	[dʒub'botto], ['dʒakka]
impermeable (m)	**impermeabile** (m)	[imperme'abile]
impermeable (adj)	**impermeabile**	[imperme'abile]

camisa (f)	**camicia** (f)	[ka'mitʃa]
pantalones (m pl)	**pantaloni** (m pl)	[panta'loni]
jeans, vaqueros (m pl)	**jeans** (m pl)	['dʒins]
chaqueta (f), saco (m)	**giacca** (f)	['dʒakka]
traje (m)	**abito** (m) **da uomo**	['abito da u'omo]
vestido (m)	**abito** (m)	['abito]
falda (f)	**gonna** (f)	['gonna]
blusa (f)	**camicetta** (f)	[kami'tʃetta]
rebeca (f), chaqueta (f) de punto	**giacca** (f) **a maglia**	['dʒakka a 'maʎʎa]
chaqueta (f)	**giacca** (f) **tailleur**	['dʒakka ta'jer]
camiseta (f) (T-shirt)	**maglietta** (f)	[maʎ'ʎetta]
pantalones (m pl) cortos	**pantaloni** (m pl) **corti**	[panta'loni 'korti]
traje (m) deportivo	**tuta** (f) **sportiva**	['tuta spor'tiva]
bata (f) de baño	**accappatoio** (m)	[akkappa'tojo]
pijama (m)	**pigiama** (m)	[pi'dʒama]
suéter (m)	**maglione** (m)	[maʎ'ʎone]
pulóver (m)	**pullover** (m)	[pul'lover]
chaleco (m)	**gilè** (m)	[dʒi'le]
frac (m)	**frac** (m)	[frak]
esmoquin (m)	**smoking** (m)	['zmoking]
uniforme (m)	**uniforme** (f)	[uni'forme]
ropa (f) de trabajo	**tuta** (f) **da lavoro**	['tuta da la'voro]

mono (m)	**salopette** (f)	[salo'pett]
bata (f) (p. ej. ~ blanca)	**camice** (m)	[ka'mitʃe]

34. La ropa. La ropa interior

ropa (f) interior	**intimo** (m)	['intimo]
bóxer (m)	**boxer briefs** (m)	['bokser brifs]
bragas (f pl)	**mutandina** (f)	[mutan'dina]
camiseta (f) interior	**maglietta** (f) **intima**	[maʎ'ʎetta 'intima]
calcetines (m pl)	**calzini** (m pl)	[kal'tsini]
camisón (m)	**camicia** (f) **da notte**	[ka'mitʃa da 'notte]
sostén (m)	**reggiseno** (m)	[redʒi'seno]
calcetines (m pl) altos	**calzini** (m pl) **alti**	[kal'tsini 'alti]
pantimedias (f pl)	**collant** (m)	[kol'lant]
medias (f pl)	**calze** (f pl)	['kaltse]
traje (m) de baño	**costume** (m) **da bagno**	[ko'stume da 'baɲo]

35. Gorras

gorro (m)	**cappello** (m)	[kap'pello]
sombrero (m) de fieltro	**cappello** (m) **di feltro**	[kap'pello di feltro]
gorra (f) de béisbol	**cappello** (m) **da baseball**	[kap'pello da 'bejzbol]
gorra (f) plana	**coppola** (f)	['koppola]
boina (f)	**basco** (m)	['basko]
capuchón (m)	**cappuccio** (m)	[kap'putʃo]
panamá (m)	**panama** (m)	['panama]
gorro (m) de punto	**berretto** (m) **a maglia**	[ber'retto a 'maʎʎa]
pañuelo (m)	**fazzoletto** (m) **da capo**	[fattso'letto da 'kapo]
sombrero (m) de mujer	**cappellino** (m) **donna**	[kappel'lino 'donna]
casco (m) (~ protector)	**casco** (m)	['kasko]
gorro (m) de campaña	**bustina** (f)	[bu'stina]
casco (m) (~ de moto)	**casco** (m)	['kasko]
bombín (m)	**bombetta** (f)	[bom'betta]
sombrero (m) de copa	**cilindro** (m)	[tʃi'lindro]

36. El calzado

calzado (m)	**calzature** (f pl)	[kaltsa'ture]
botas (f pl)	**stivaletti** (m pl)	[stiva'letti]
zapatos (m pl)	**scarpe** (f pl)	['skarpe]
(~ de tacón bajo)		

botas (f pl) altas	stivali (m pl)	[sti'vali]
zapatillas (f pl)	pantofole (f pl)	[pan'tofole]
tenis (m pl)	scarpe (f pl) da tennis	['skarpe da 'tennis]
zapatillas (f pl) de lona	scarpe (f pl) da ginnastica	['skarpe da dʒin'nastika]
sandalias (f pl)	sandali (m pl)	['sandali]
zapatero (m)	calzolaio (m)	[kaltso'lajo]
tacón (m)	tacco (m)	['takko]
par (m)	paio (m)	['pajo]
cordón (m)	laccio (m)	['latʃo]
encordonar (vt)	allacciare (vt)	[ala'tʃare]
calzador (m)	calzascarpe (m)	[kaltsa'skarpe]
betún (m)	lucido (m) per le scarpe	['lutʃido per le 'skarpe]

37. Accesorios personales

guantes (m pl)	guanti (m pl)	['gwanti]
manoplas (f pl)	manopole (f pl)	[ma'nopole]
bufanda (f)	sciarpa (f)	['ʃarpa]
gafas (f pl)	occhiali (m pl)	[ok'kjali]
montura (f)	montatura (f)	[monta'tura]
paraguas (m)	ombrello (m)	[om'brello]
bastón (m)	bastone (m)	[ba'stone]
cepillo (m) de pelo	spazzola (f) per capelli	['spattsola per ka'pelli]
abanico (m)	ventaglio (m)	[ven'taʎʎo]
corbata (f)	cravatta (f)	[kra'vatta]
pajarita (f)	cravatta (f) a farfalla	[kra'vatta a far'falla]
tirantes (m pl)	bretelle (f pl)	[bre'telle]
moquero (m)	fazzoletto (m)	[fattso'letto]
peine (m)	pettine (m)	['pettine]
pasador (m) de pelo	fermaglio (m)	[fer'maʎʎo]
horquilla (f)	forcina (f)	[for'tʃina]
hebilla (f)	fibbia (f)	['fibbia]
cinturón (m)	cintura (f)	[tʃin'tura]
correa (f) (de bolso)	spallina (f)	[spal'lina]
bolsa (f)	borsa (f)	['borsa]
bolso (m)	borsetta (f)	[bor'setta]
mochila (f)	zaino (m)	['dzajno]

38. La ropa. Miscelánea

moda (f)	moda (f)	['moda]
de moda (adj)	di moda	[di 'moda]

diseñador (m) de moda	**stilista** (m)	[sti'lista]
cuello (m)	**collo** (m)	['kollo]
bolsillo (m)	**tasca** (f)	['taska]
de bolsillo (adj)	**tascabile**	[ta'skabile]
manga (f)	**manica** (f)	['manika]
presilla (f)	**asola** (f) **per appendere**	['azola per ap'pendere]
bragueta (f)	**patta** (f)	['patta]
cremallera (f)	**cerniera** (f) **lampo**	[tʃer'njera 'lampo]
cierre (m)	**chiusura** (f)	[kju'zura]
botón (m)	**bottone** (m)	[bot'tone]
ojal (m)	**occhiello** (m)	[ok'kjello]
saltar (un botón)	**staccarsi** (vr)	[stak'karsi]
coser (vi, vt)	**cucire** (vi, vt)	[ku'tʃire]
bordar (vt)	**ricamare** (vi, vt)	[rika'mare]
bordado (m)	**ricamo** (m)	[ri'kamo]
aguja (f)	**ago** (m)	['ago]
hilo (m)	**filo** (m)	['filo]
costura (f)	**cucitura** (f)	[kutʃi'tura]
ensuciarse (vr)	**sporcarsi** (vr)	[spor'karsi]
mancha (f)	**macchia** (f)	['makkia]
arrugarse (vr)	**sgualcirsi** (vr)	[zgwal'tʃirsi]
rasgar (vt)	**strappare** (vt)	[strap'pare]
polilla (f)	**tarma** (f)	['tarma]

39. Productos personales. Cosméticos

pasta (f) de dientes	**dentifricio** (m)	[denti'fritʃo]
cepillo (m) de dientes	**spazzolino** (m) **da denti**	[spatso'lino da 'denti]
limpiarse los dientes	**lavarsi i denti**	[la'varsi i 'denti]
maquinilla (f) de afeitar	**rasoio** (m)	[ra'zojo]
crema (f) de afeitar	**crema** (f) **da barba**	['krema da 'barba]
afeitarse (vr)	**rasarsi** (vr)	[ra'zarsi]
jabón (m)	**sapone** (m)	[sa'pone]
champú (m)	**shampoo** (m)	['ʃampo]
tijeras (f pl)	**forbici** (f pl)	['forbitʃi]
lima (f) de uñas	**limetta** (f)	[li'metta]
cortaúñas (m pl)	**tagliaunghie** (m)	[taʎʎa'ungje]
pinzas (f pl)	**pinzette** (f pl)	[pin'tsette]
cosméticos (m pl)	**cosmetica** (f)	[ko'zmetika]
mascarilla (f)	**maschera** (f) **di bellezza**	['maskera di bel'lettsa]
manicura (f)	**manicure** (m)	[mani'kure]
hacer la manicura	**fare la manicure**	['fare la mani'kure]
pedicura (f)	**pedicure** (m)	[pedi'kure]

bolsa (f) de maquillaje	**borsa** (f) **del trucco**	['borsa del 'trukko]
polvos (m pl)	**cipria** (f)	['tʃipria]
polvera (f)	**portacipria** (m)	[porta·'tʃipria]
colorete (m), rubor (m)	**fard** (m)	[far]
perfume (m)	**profumo** (m)	[pro'fumo]
agua (f) de tocador	**acqua** (f) **da toeletta**	['akwa da toe'letta]
loción (f)	**lozione** (f)	[lo'tsjone]
agua (f) de Colonia	**acqua** (f) **di Colonia**	['akwa di ko'lonia]
sombra (f) de ojos	**ombretto** (m)	[om'bretto]
lápiz (m) de ojos	**eyeliner** (m)	[aj'lajner]
rímel (m)	**mascara** (m)	[ma'skara]
pintalabios (m)	**rossetto** (m)	[ros'setto]
esmalte (m) de uñas	**smalto** (m)	['zmalto]
fijador (m) para el pelo	**lacca** (f) **per capelli**	['lakka per ka'pelli]
desodorante (m)	**deodorante** (m)	[deodo'rante]
crema (f)	**crema** (f)	['krema]
crema (f) de belleza	**crema** (f) **per il viso**	['krema per il 'vizo]
crema (f) de manos	**crema** (f) **per le mani**	['krema per le 'mani]
crema (f) antiarrugas	**crema** (f) **antirughe**	['krema anti'ruge]
crema (f) de día	**crema** (f) **da giorno**	['krema da 'dʒorno]
crema (f) de noche	**crema** (f) **da notte**	['krema da 'notte]
de día (adj)	**da giorno**	[da 'dʒorno]
de noche (adj)	**da notte**	[da 'notte]
tampón (m)	**tampone** (m)	[tam'pone]
papel (m) higiénico	**carta** (f) **igienica**	['karta i'dʒenika]
secador (m) de pelo	**fon** (m)	[fon]

40. Los relojes

reloj (m)	**orologio** (m)	[oro'lodʒo]
esfera (f)	**quadrante** (m)	[kwa'drante]
aguja (f)	**lancetta** (f)	[lan'tʃetta]
pulsera (f)	**braccialetto** (m)	[bratʃa'letto]
correa (f) (del reloj)	**cinturino** (m)	[tʃintu'rino]
pila (f)	**pila** (f)	['pila]
descargarse (vr)	**essere scarico**	['essere 'skariko]
cambiar la pila	**cambiare la pila**	[kam'bjare la 'pila]
adelantarse (vr)	**andare avanti**	[an'dare a'vanti]
retrasarse (vr)	**andare indietro**	[an'dare in'djetro]
reloj (m) de pared	**orologio** (m) **da muro**	[oro'lodʒo da 'muro]
reloj (m) de arena	**clessidra** (f)	['klessidra]
reloj (m) de sol	**orologio** (m) **solare**	[oro'lodʒo so'lare]
despertador (m)	**sveglia** (f)	['zveʎʎa]

relojero (m)   **orologiaio** (m)   [orolo'dʒajo]
reparar (vt)   **riparare** (vt)   [ripa'rare]

T&P BOOKS

LA EXPERIENCIA DIARIA

T&P Books Publishing

41. El dinero

dinero (m)	**soldi** (m pl)	['soldi]
cambio (m)	**cambio** (m)	['kambio]
curso (m)	**corso** (m) **di cambio**	['korso di 'kambio]
cajero (m) automático	**bancomat** (m)	['bankomat]
moneda (f)	**moneta** (f)	[mo'neta]
dólar (m)	**dollaro** (m)	['dollaro]
euro (m)	**euro** (m)	['euro]
lira (f)	**lira** (f)	['lira]
marco (m) alemán	**marco** (m)	['marko]
franco (m)	**franco** (m)	['franko]
libra esterlina (f)	**sterlina** (f)	[ster'lina]
yen (m)	**yen** (m)	[jen]
deuda (f)	**debito** (m)	['debito]
deudor (m)	**debitore** (m)	[debi'tore]
prestar (vt)	**prestare** (vt)	[pre'stare]
tomar prestado	**prendere in prestito**	['prendere in 'prestito]
banco (m)	**banca** (f)	['banka]
cuenta (f)	**conto** (m)	['konto]
ingresar en la cuenta	**versare sul conto**	[ver'sare sul 'konto]
sacar de la cuenta	**prelevare dal conto**	[prele'vare dal 'konto]
tarjeta (f) de crédito	**carta** (f) **di credito**	['karta di 'kredito]
dinero (m) en efectivo	**contanti** (m pl)	[kon'tanti]
cheque (m)	**assegno** (m)	[as'seɲo]
sacar un cheque	**emettere un assegno**	[e'mettere un as'seɲo]
talonario (m)	**libretto** (m) **di assegni**	[li'bretto di as'seɲi]
cartera (f)	**portafoglio** (m)	[porta·'foʎʎo]
monedero (m)	**borsellino** (m)	[borsel'lino]
caja (f) fuerte	**cassaforte** (f)	[kassa'forte]
heredero (m)	**erede** (m)	[e'rede]
herencia (f)	**eredità** (f)	[eredi'ta]
fortuna (f)	**fortuna** (f)	[for'tuna]
arriendo (m)	**affitto** (m)	[af'fitto]
alquiler (m) (dinero)	**affitto** (m)	[af'fitto]
alquilar (~ una casa)	**affittare** (vt)	[affit'tare]
precio (m)	**prezzo** (m)	['prettso]
coste (m)	**costo** (m), **prezzo** (m)	['kosto], ['prettso]

suma (f)	somma (f)	['somma]
gastar (vt)	spendere (vt)	['spendere]
gastos (m pl)	spese (f pl)	['speze]
economizar (vi, vt)	economizzare (vi, vt)	[ekonomid'dzare]
económico (adj)	economico	[eko'nomiko]
pagar (vi, vt)	pagare (vi, vt)	[pa'gare]
pago (m)	pagamento (m)	[paga'mento]
cambio (m) (devolver el ~)	resto (m)	['resto]
impuesto (m)	imposta (f)	[im'posta]
multa (f)	multa (f), ammenda (f)	['multa], [am'menda]
multar (vt)	multare (vt)	[mul'tare]

42. La oficina de correos

oficina (f) de correos	posta (f), ufficio (m) postale	['posta], [uf'fitʃo po'stale]
correo (m) (cartas, etc.)	posta (f)	['posta]
cartero (m)	postino (m)	[po'stino]
horario (m) de apertura	orario (m) di apertura	[o'rario di aper'tura]
carta (f)	lettera (f)	['lettera]
carta (f) certificada	raccomandata (f)	[rakkoman'data]
tarjeta (f) postal	cartolina (f)	[karto'lina]
telegrama (m)	telegramma (m)	[tele'gramma]
paquete (m) postal	pacco (m) postale	['pakko po'stale]
giro (m) postal	vaglia (m) postale	['vaʎʎa po'stale]
recibir (vt)	ricevere (vt)	[ri'tʃevere]
enviar (vt)	spedire (vt)	[spe'dire]
envío (m)	invio (m)	[in'vio]
dirección (f)	indirizzo (m)	[indi'rittso]
código (m) postal	codice (m) postale	['koditʃe po'stale]
expedidor (m)	mittente (m)	[mit'tente]
destinatario (m)	destinatario (m)	[destina'tario]
nombre (m)	nome (m)	['nome]
apellido (m)	cognome (m)	[ko'ɲome]
tarifa (f)	tariffa (f)	[ta'riffa]
ordinario (adj)	ordinario	[ordi'nario]
económico (adj)	standard	['standar]
peso (m)	peso (m)	['pezo]
pesar (~ una carta)	pesare (vt)	[pe'zare]
sobre (m)	busta (f)	['busta]
sello (m)	francobollo (m)	[franko'bollo]

43. La banca

banco (m)	**banca** (f)	['banka]
sucursal (f)	**filiale** (f)	[fi'ljale]
consultor (m)	**consulente** (m)	[konsu'lente]
gerente (m)	**direttore** (m)	[diret'tore]
cuenta (f)	**conto** (m) **bancario**	['konto ban'kario]
numero (m) de la cuenta	**numero** (m) **del conto**	['numero del 'konto]
cuenta (f) corriente	**conto** (m) **corrente**	['konto kor'rente]
cuenta (f) de ahorros	**conto** (m) **di risparmio**	['konto di ris'parmio]
abrir una cuenta	**aprire un conto**	[a'prire un 'konto]
cerrar la cuenta	**chiudere il conto**	['kjudere il 'konto]
ingresar en la cuenta	**versare sul conto**	[ver'sare sul 'konto]
sacar de la cuenta	**prelevare dal conto**	[prele'vare dal 'konto]
depósito (m)	**deposito** (m)	[de'pozito]
hacer un depósito	**depositare** (vt)	[depozi'tare]
giro (m) bancario	**trasferimento** (m) **telegrafico**	[trasferi'mento tele'grafiko]
hacer un giro	**rimettere i soldi**	[ri'mettere i 'soldi]
suma (f)	**somma** (f)	['somma]
¿Cuánto?	**Quanto?**	['kwanto]
firma (f) (nombre)	**firma** (f)	['firma]
firmar (vt)	**firmare** (vt)	[fir'mare]
tarjeta (f) de crédito	**carta** (f) **di credito**	['karta di 'kredito]
código (m)	**codice** (m)	['koditʃe]
número (m) de tarjeta de crédito	**numero** (m) **della carta di credito**	['numero 'della 'karta di 'kredito]
cajero (m) automático	**bancomat** (m)	['bankomat]
cheque (m)	**assegno** (m)	[as'seɲo]
sacar un cheque	**emettere un assegno**	[e'mettere un as'seɲo]
talonario (m)	**libretto** (m) **di assegni**	[li'bretto di as'seɲi]
crédito (m)	**prestito** (m)	['prestito]
pedir el crédito	**fare domanda per un prestito**	['fare do'manda per un 'prestito]
obtener un crédito	**ottenere un prestito**	[otte'nere un 'prestito]
conceder un crédito	**concedere un prestito**	[kon'tʃedere un 'prestito]
garantía (f)	**garanzia** (f)	[garan'tsia]

44. El teléfono. Las conversaciones telefónicas

teléfono (m)	**telefono** (m)	[te'lefono]
teléfono (m) móvil	**telefonino** (m)	[telefo'nino]

contestador (m)	segreteria (f) telefonica	[segrete'ria tele'fonika]
llamar, telefonear	telefonare (vi, vt)	[telefo'nare]
llamada (f)	chiamata (f)	[kja'mata]
marcar un número	comporre un numero	[kom'porre un 'numero]
¿Sí?, ¿Dígame?	Pronto!	['pronto]
preguntar (vt)	chiedere, domandare	['kjedere], [doman'dare]
responder (vi, vt)	rispondere (vi, vt)	[ris'pondere]
oír (vt)	udire, sentire (vt)	[u'dire], [sen'tire]
bien (adv)	bene	['bene]
mal (adv)	male	['male]
ruidos (m pl)	disturbi (m pl)	[di'sturbi]
auricular (m)	cornetta (f)	[kor'netta]
descolgar (el teléfono)	alzare la cornetta	[al'tsare la kor'netta]
colgar el auricular	riattaccare la cornetta	[riattak'kare la kor'netta]
ocupado (adj)	occupato	[okku'pato]
sonar (teléfono)	squillare (vi)	[skwil'lare]
guía (f) de teléfonos	elenco (m) telefonico	[e'lenko tele'foniko]
local (adj)	locale	[lo'kale]
llamada (f) local	chiamata (f) locale	[kja'mata lo'kale]
de larga distancia	interurbano	[interur'bano]
llamada (f) de larga distancia	chiamata (f) interurbana	[kja'mata interur'bana]
internacional (adj)	internazionale	[internatsjo'nale]
llamada (f) internacional	chiamata (f) internazionale	[kja'mata internatsjo'nale]

45. El teléfono celular

teléfono (m) móvil	telefonino (m)	[telefo'nino]
pantalla (f)	schermo (m)	['skermo]
botón (m)	tasto (m)	['tasto]
tarjeta SIM (f)	scheda SIM (f)	['skeda 'sim]
pila (f)	pila (f)	['pila]
descargarse (vr)	essere scarico	['essere 'skariko]
cargador (m)	caricabatteria (m)	[karika·batte'ria]
menú (m)	menù (m)	[me'nu]
preferencias (f pl)	impostazioni (f pl)	[imposta'tsjoni]
melodía (f)	melodia (f)	[melo'dia]
seleccionar (vt)	scegliere (vt)	['ʃeʎʎere]
calculadora (f)	calcolatrice (f)	[kalkola'tritʃe]
contestador (m)	segreteria (f) telefonica	[segrete'ria tele'fonika]
despertador (m)	sveglia (f)	['zveʎʎa]

contactos (m pl)	contatti (m pl)	[kon'tatti]
mensaje (m) de texto	messaggio (m) SMS	[mes'sadʒo ese'mese]
abonado (m)	abbonato (m)	[abbo'nato]

46. Los artículos de escritorio. La papelería

bolígrafo (m)	penna (f) a sfera	[penna a 'sfera]
pluma (f) estilográfica	penna (f) stilografica	['penna stilo'grafika]
lápiz (m)	matita (f)	[ma'tita]
marcador (m)	evidenziatore (m)	[evidentsja'tore]
rotulador (m)	pennarello (m)	[penna'rello]
bloc (m) de notas	taccuino (m)	[tak'kwino]
agenda (f)	agenda (f)	[a'dʒenda]
regla (f)	righello (m)	[ri'gello]
calculadora (f)	calcolatrice (f)	[kalkola'tritʃe]
goma (f) de borrar	gomma (f) per cancellare	['gomma per kantʃel'lare]
chincheta (f)	puntina (f)	[pun'tina]
clip (m)	graffetta (f)	[graf'fetta]
cola (f), pegamento (m)	colla (f)	['kolla]
grapadora (f)	pinzatrice (f)	[pintsa'tritʃe]
perforador (m)	perforatrice (f)	[perfora'tritʃe]
sacapuntas (m)	temperamatite (m)	[temperama'tite]

47. Los idiomas extranjeros

lengua (f)	lingua (f)	['lingua]
extranjero (adj)	straniero	[stra'njero]
lengua (f) extranjera	lingua (f) straniera	['lingua stra'njera]
estudiar (vt)	studiare (vt)	[stu'djare]
aprender (ingles, etc.)	imparare (vt)	[impa'rare]
leer (vi, vt)	leggere (vi, vt)	['ledʒere]
hablar (vi, vt)	parlare (vi, vt)	[par'lare]
comprender (vt)	capire (vt)	[ka'pire]
escribir (vt)	scrivere (vi, vt)	['skrivere]
rápidamente (adv)	rapidamente	[rapida'mente]
lentamente (adv)	lentamente	[lenta'mente]
con fluidez (adv)	correntemente	[korrente'mente]
reglas (f pl)	regole (f pl)	['regole]
gramática (f)	grammatica (f)	[gram'matika]
vocabulario (m)	lessico (m)	['lessiko]
fonética (f)	fonetica (f)	[fo'netika]

manual (m)	**manuale** (m)	[manu'ale]
diccionario (m)	**dizionario** (m)	[ditsjo'nario]
manual (m) autodidáctico	**manuale** (m) **autodidattico**	[manu'ale autodi'dattiko]
guía (f) de conversación	**frasario** (m)	[fra'zario]
casete (m)	**cassetta** (f)	[kas'setta]
videocasete (f)	**videocassetta** (f)	[video·kas'setta]
disco compacto, CD (m)	**CD** (m)	[ʧi'di]
DVD (m)	**DVD** (m)	[divu'di]
alfabeto (m)	**alfabeto** (m)	[alfa'beto]
deletrear (vt)	**compitare** (vt)	[kompi'tare]
pronunciación (f)	**pronuncia** (f)	[pro'nunʧa]
acento (m)	**accento** (m)	[a'ʧento]
con acento	**con un accento**	[kon un a'ʧento]
sin acento	**senza accento**	['sentsa a'ʧento]
palabra (f)	**vocabolo** (m)	[vo'kabolo]
significado (m)	**significato** (m)	[siɲifi'kato]
cursos (m pl)	**corso** (m)	['korso]
inscribirse (vr)	**iscriversi** (vr)	[is'kriversi]
profesor (m) (~ de inglés)	**insegnante** (m, f)	[inse'ɲante]
traducción (f) (proceso)	**traduzione** (f)	[tradu'tsjone]
traducción (f) (texto)	**traduzione** (f)	[tradu'tsjone]
traductor (m)	**traduttore** (m)	[tradut'tore]
intérprete (m)	**interprete** (m)	[in'terprete]
políglota (m)	**poliglotta** (m)	[poli'glotta]
memoria (f)	**memoria** (f)	[me'moria]

LAS COMIDAS.
EL RESTAURANTE

T&P Books Publishing

48. Los cubiertos

cuchara (f)	**cucchiaio** (m)	[kuk'kjajo]
cuchillo (m)	**coltello** (m)	[kol'tello]
tenedor (m)	**forchetta** (f)	[for'ketta]
taza (f)	**tazza** (f)	['tattsa]
plato (m)	**piatto** (m)	['pjatto]
platillo (m)	**piattino** (m)	[pjat'tino]
servilleta (f)	**tovagliolo** (m)	[tovaʎ'ʎolo]
mondadientes (m)	**stuzzicadenti** (m)	[stuttsika'denti]

49. El restaurante

restaurante (m)	**ristorante** (m)	[risto'rante]
cafetería (f)	**caffè** (m)	[kaf'fe]
bar (m)	**pub** (m), **bar** (m)	[pab], [bar]
salón (m) de té	**sala** (f) **da tè**	['sala da 'te]
camarero (m)	**cameriere** (m)	[kame'rjere]
camarera (f)	**cameriera** (f)	[kame'rjera]
barman (m)	**barista** (m)	[ba'rista]
carta (f), menú (m)	**menù** (m)	[me'nu]
carta (f) de vinos	**lista** (f) **dei vini**	['lista 'dei 'vini]
reservar una mesa	**prenotare un tavolo**	[preno'tare un 'tavolo]
plato (m)	**piatto** (m)	['pjatto]
pedir (vt)	**ordinare** (vt)	[ordi'nare]
hacer un pedido	**fare un'ordinazione**	['fare unordina'tsjone]
aperitivo (m)	**aperitivo** (m)	[aperi'tivo]
entremés (m)	**antipasto** (m)	[anti'pasto]
postre (m)	**dolce** (m)	['doltʃe]
cuenta (f)	**conto** (m)	['konto]
pagar la cuenta	**pagare il conto**	[pa'gare il 'konto]
dar la vuelta	**dare il resto**	['dare il 'resto]
propina (f)	**mancia** (f)	['mantʃa]

50. Las comidas

comida (f)	**cibo** (m)	['tʃibo]
comer (vi, vt)	**mangiare** (vi, vt)	[man'dʒare]

desayuno (m)	**colazione** (f)	[kola'tsjone]
desayunar (vi)	**fare colazione**	['fare kola'tsjone]
almuerzo (m)	**pranzo** (m)	['prantso]
almorzar (vi)	**pranzare** (vi)	[pran'tsare]
cena (f)	**cena** (f)	['t∫ena]
cenar (vi)	**cenare** (vi)	[t∫e'nare]
apetito (m)	**appetito** (m)	[appe'tito]
¡Que aproveche!	**Buon appetito!**	[bu'on appe'tito]
abrir (vt)	**aprire** (vt)	[a'prire]
derramar (líquido)	**rovesciare** (vt)	[rove'∫are]
derramarse (líquido)	**rovesciarsi** (vi)	[rove'∫arsi]
hervir (vi)	**bollire** (vi)	[bol'lire]
hervir (vt)	**far bollire**	[far bol'lire]
hervido (agua ~a)	**bollito**	[bol'lito]
enfriar (vt)	**raffreddare** (vt)	[raffred'dare]
enfriarse (vr)	**raffreddarsi** (vr)	[raffred'darsi]
sabor (m)	**gusto** (m)	['gusto]
regusto (m)	**retrogusto** (m)	[retro'gusto]
adelgazar (vi)	**essere a dieta**	['essere a di'eta]
dieta (f)	**dieta** (f)	[di'eta]
vitamina (f)	**vitamina** (f)	[vita'mina]
caloría (f)	**caloria** (f)	[kalo'ria]
vegetariano (m)	**vegetariano** (m)	[vedʒeta'rjano]
vegetariano (adj)	**vegetariano**	[vedʒeta'rjano]
grasas (f pl)	**grassi** (m pl)	['grassi]
proteínas (f pl)	**proteine** (f pl)	[prote'ine]
carbohidratos (m pl)	**carboidrati** (m pl)	[karboi'drati]
loncha (f)	**fetta** (f), **fettina** (f)	['fetta], [fet'tina]
pedazo (m)	**pezzo** (m)	['pettso]
miga (f)	**briciola** (f)	['brit∫ola]

51. Los platos

plato (m)	**piatto** (m)	['pjatto]
cocina (f)	**cucina** (f)	[ku't∫ina]
receta (f)	**ricetta** (f)	[ri't∫etta]
porción (f)	**porzione** (f)	[por'tsjone]
ensalada (f)	**insalata** (f)	[insa'lata]
sopa (f)	**minestra** (f)	[mi'nestra]
caldo (m)	**brodo** (m)	['brodo]
bocadillo (m)	**panino** (m)	[pa'nino]
huevos (m pl) fritos	**uova** (f pl) **al tegamino**	[u'ova al tega'mino]

hamburguesa (f)	**hamburger** (m)	[am'burger]
bistec (m)	**bistecca** (f)	[bi'stekka]
guarnición (f)	**contorno** (m)	[kon'torno]
espagueti (m)	**spaghetti** (m pl)	[spa'getti]
puré (m) de patatas	**purè** (m) **di patate**	[pu're di pa'tate]
pizza (f)	**pizza** (f)	['pittsa]
gachas (f pl)	**porridge** (m)	[por'ridʒe]
tortilla (f) francesa	**frittata** (f)	[frit'tata]
cocido en agua (adj)	**bollito**	[bol'lito]
ahumado (adj)	**affumicato**	[affumi'kato]
frito (adj)	**fritto**	['fritto]
seco (adj)	**secco**	['sekko]
congelado (adj)	**congelato**	[kondʒe'lato]
marinado (adj)	**sottoaceto**	[sottoa'tʃeto]
azucarado, dulce (adj)	**dolce**	['doltʃe]
salado (adj)	**salato**	[sa'lato]
frío (adj)	**freddo**	['freddo]
caliente (adj)	**caldo**	['kaldo]
amargo (adj)	**amaro**	[a'maro]
sabroso (adj)	**buono, gustoso**	[bu'ono], [gu'stozo]
cocer en agua	**cuocere, preparare** (vt)	[ku'otʃere], [prepa'rare]
preparar (la cena)	**cucinare** (vi)	[kutʃi'nare]
freír (vt)	**friggere** (vt)	['fridʒere]
calentar (vt)	**riscaldare** (vt)	[riskal'dare]
salar (vt)	**salare** (vt)	[sa'lare]
poner pimienta	**pepare** (vt)	[pe'pare]
rallar (vt)	**grattugiare** (vt)	[grattu'dʒare]
piel (f)	**buccia** (f)	['butʃa]
pelar (vt)	**sbucciare** (vt)	[zbu'tʃare]

52. La comida

carne (f)	**carne** (f)	['karne]
gallina (f)	**pollo** (m)	['pollo]
pollo (m)	**pollo** (m) **novello**	['pollo no'vello]
pato (m)	**anatra** (f)	['anatra]
ganso (m)	**oca** (f)	['oka]
caza (f) menor	**cacciagione** (f)	[katʃa'dʒone]
pava (f)	**tacchino** (m)	[tak'kino]
carne (f) de cerdo	**maiale** (m)	[ma'jale]
carne (f) de ternera	**vitello** (m)	[vi'tello]
carne (f) de carnero	**agnello** (m)	[a'ɲello]
carne (f) de vaca	**manzo** (m)	['mandzo]
conejo (m)	**coniglio** (m)	[ko'niʎʎo]

salchichón (m)	**salame** (m)	[sa'lame]
salchicha (f)	**würstel** (m)	['vyrstel]
beicon (m)	**pancetta** (f)	[pan'tʃetta]
jamón (m)	**prosciutto** (m)	[pro'ʃutto]
jamón (m) fresco	**prosciutto** (m) **affumicato**	[pro'ʃutto affumi'kato]
paté (m)	**pâté** (m)	[pa'te]
hígado (m)	**fegato** (m)	['fegato]
carne (f) picada	**carne** (f) **trita**	['karne 'trita]
lengua (f)	**lingua** (f)	['lingua]
huevo (m)	**uovo** (m)	[u'ovo]
huevos (m pl)	**uova** (f pl)	[u'ova]
clara (f)	**albume** (m)	[al'bume]
yema (f)	**tuorlo** (m)	[tu'orlo]
pescado (m)	**pesce** (m)	['peʃe]
mariscos (m pl)	**frutti** (m pl) **di mare**	['frutti di 'mare]
crustáceos (m pl)	**crostacei** (m pl)	[kro'statʃei]
caviar (m)	**caviale** (m)	[ka'vjale]
cangrejo (m) de mar	**granchio** (m)	['graŋkio]
camarón (m)	**gamberetto** (m)	[gambe'retto]
ostra (f)	**ostrica** (f)	['ostrika]
langosta (f)	**aragosta** (f)	[ara'gosta]
pulpo (m)	**polpo** (m)	['polpo]
calamar (m)	**calamaro** (m)	[kala'maro]
esturión (m)	**storione** (m)	[sto'rjone]
salmón (m)	**salmone** (m)	[sal'mone]
fletán (m)	**ippoglosso** (m)	[ippo'glosso]
bacalao (m)	**merluzzo** (m)	[mer'luttso]
caballa (f)	**scombro** (m)	['skombro]
atún (m)	**tonno** (m)	['tonno]
anguila (f)	**anguilla** (f)	[an'gwilla]
trucha (f)	**trota** (f)	['trota]
sardina (f)	**sardina** (f)	[sar'dina]
lucio (m)	**luccio** (m)	['lutʃo]
arenque (m)	**aringa** (f)	[a'ringa]
pan (m)	**pane** (m)	['pane]
queso (m)	**formaggio** (m)	[for'madʒo]
azúcar (m)	**zucchero** (m)	['dzukkero]
sal (f)	**sale** (m)	['sale]
arroz (m)	**riso** (m)	['rizo]
macarrones (m pl)	**pasta** (f)	['pasta]
tallarines (m pl)	**tagliatelle** (f pl)	[taʎʎa'telle]
mantequilla (f)	**burro** (m)	['burro]
aceite (m) vegetal	**olio** (m) **vegetale**	['oljo vedʒe'tale]

aceite (m) de girasol	**olio** (m) **di girasole**	['oljo di dʒira'sole]
margarina (f)	**margarina** (f)	[marga'rina]
olivas, aceitunas (f pl)	**olive** (f pl)	[o'live]
aceite (m) de oliva	**olio** (m) **d'oliva**	['oljo do'liva]
leche (f)	**latte** (m)	['latte]
leche (f) condensada	**latte** (m) **condensato**	['latte konden'sato]
yogur (m)	**yogurt** (m)	['jogurt]
nata (f) agria	**panna** (f) **acida**	['panna 'atʃida]
nata (f) líquida	**panna** (f)	['panna]
mayonesa (f)	**maionese** (m)	[majo'neze]
crema (f) de mantequilla	**crema** (f)	['krema]
cereales (m pl) integrales	**cereali** (m pl)	[tʃere'ali]
harina (f)	**farina** (f)	[fa'rina]
conservas (f pl)	**cibi** (m pl) **in scatola**	['tʃibi in 'skatola]
copos (m pl) de maíz	**fiocchi** (m pl) **di mais**	['fjokki di 'mais]
miel (f)	**miele** (m)	['mjele]
confitura (f)	**marmellata** (f)	[marmel'lata]
chicle (m)	**gomma** (f) **da masticare**	['gomma da masti'kare]

53. Las bebidas

agua (f)	**acqua** (f)	['akwa]
agua (f) potable	**acqua** (f) **potabile**	['akwa po'tabile]
agua (f) mineral	**acqua** (f) **minerale**	['akwa mine'rale]
sin gas	**liscia, non gassata**	['liʃa], [non gas'sata]
gaseoso (adj)	**gassata**	[gas'sata]
con gas	**frizzante**	[frid'dzante]
hielo (m)	**ghiaccio** (m)	['gjatʃo]
con hielo	**con ghiaccio**	[kon 'gjatʃo]
sin alcohol	**analcolico**	[anal'koliko]
bebida (f) sin alcohol	**bevanda** (f) **analcolica**	[be'vanda anal'kolika]
refresco (m)	**bibita** (f)	['bibita]
limonada (f)	**limonata** (f)	[limo'nata]
bebidas (f pl) alcohólicas	**bevande** (f pl) **alcoliche**	[be'vande al'kolike]
vino (m)	**vino** (m)	['vino]
vino (m) blanco	**vino** (m) **bianco**	['vino 'bjanko]
vino (m) tinto	**vino** (m) **rosso**	['vino 'rosso]
licor (m)	**liquore** (m)	[li'kwore]
champaña (f)	**champagne** (m)	[ʃam'paɲ]
vermú (m)	**vermouth** (m)	['vermut]
whisky (m)	**whisky**	['wiski]

vodka (m)	**vodka** (f)	['vodka]
ginebra (f)	**gin** (m)	[ʤin]
coñac (m)	**cognac** (m)	['koɲak]
ron (m)	**rum** (m)	[rum]
café (m)	**caffè** (m)	[kaf'fe]
café (m) solo	**caffè** (m) **nero**	[kaf'fe 'nero]
café (m) con leche	**caffè latte** (m)	[kaf'fe 'latte]
capuchino (m)	**cappuccino** (m)	[kappu'ʧino]
café (m) soluble	**caffè** (m) **solubile**	[kaf'fe so'lubile]
leche (f)	**latte** (m)	['latte]
cóctel (m)	**cocktail** (m)	['koktejl]
batido (m)	**frullato** (m)	[frul'lato]
zumo (m), jugo (m)	**succo** (m)	['sukko]
jugo (m) de tomate	**succo** (m) **di pomodoro**	['sukko di pomo'doro]
zumo (m) de naranja	**succo** (m) **d'arancia**	['sukko da'ranʧa]
zumo (m) fresco	**spremuta** (f)	[spre'muta]
cerveza (f)	**birra** (f)	['birra]
cerveza (f) rubia	**birra** (f) **chiara**	['birra 'kjara]
cerveza (f) negra	**birra** (f) **scura**	['birra 'skura]
té (m)	**tè** (m)	[te]
té (m) negro	**tè** (m) **nero**	[te 'nero]
té (m) verde	**tè** (m) **verde**	[te 'verde]

54. Las verduras

legumbres (f pl)	**ortaggi** (m pl)	[or'taʤi]
verduras (f pl)	**verdura** (f)	[ver'dura]
tomate (m)	**pomodoro** (m)	[pomo'doro]
pepino (m)	**cetriolo** (m)	[ʧetri'olo]
zanahoria (f)	**carota** (f)	[ka'rota]
patata (f)	**patata** (f)	[pa'tata]
cebolla (f)	**cipolla** (f)	[ʧi'polla]
ajo (m)	**aglio** (m)	['aʎʎo]
col (f)	**cavolo** (m)	['kavolo]
coliflor (f)	**cavolfiore** (m)	[kavol'fjore]
col (f) de Bruselas	**cavoletti** (m pl) **di Bruxelles**	[kavo'letti di bruk'sel]
brócoli (m)	**broccolo** (m)	['brokkolo]
remolacha (f)	**barbabietola** (f)	[barba'bjetola]
berenjena (f)	**melanzana** (f)	[melan'tsana]
calabacín (m)	**zucchina** (f)	[dzuk'kina]
calabaza (f)	**zucca** (f)	['dzukka]

nabo (m)	**rapa** (f)	['rapa]
perejil (m)	**prezzemolo** (m)	[pret'tsemolo]
eneldo (m)	**aneto** (m)	[a'neto]
lechuga (f)	**lattuga** (f)	[lat'tuga]
apio (m)	**sedano** (m)	['sedano]
espárrago (m)	**asparago** (m)	[a'sparago]
espinaca (f)	**spinaci** (m pl)	[spi'natʃi]
guisante (m)	**pisello** (m)	[pi'zello]
habas (f pl)	**fave** (f pl)	['fave]
maíz (m)	**mais** (m)	['mais]
fréjol (m)	**fagiolo** (m)	[fa'dʒolo]
pimiento (m) dulce	**peperone** (m)	[pepe'rone]
rábano (m)	**ravanello** (m)	[rava'nello]
alcachofa (f)	**carciofo** (m)	[kar'tʃofo]

55. Las frutas. Las nueces

fruto (m)	**frutto** (m)	['frutto]
manzana (f)	**mela** (f)	['mela]
pera (f)	**pera** (f)	['pera]
limón (m)	**limone** (m)	[li'mone]
naranja (f)	**arancia** (f)	[a'rantʃa]
fresa (f)	**fragola** (f)	['fragola]
mandarina (f)	**mandarino** (m)	[manda'rino]
ciruela (f)	**prugna** (f)	['pruɲa]
melocotón (m)	**pesca** (f)	['peska]
albaricoque (m)	**albicocca** (f)	[albi'kokka]
frambuesa (f)	**lampone** (m)	[lam'pone]
piña (f)	**ananas** (m)	[ana'nas]
banana (f)	**banana** (f)	[ba'nana]
sandía (f)	**anguria** (f)	[an'guria]
uva (f)	**uva** (f)	['uva]
guinda (f)	**amarena** (f)	[ama'rena]
cereza (f)	**ciliegia** (f)	[tʃi'ljedʒa]
melón (m)	**melone** (m)	[me'lone]
pomelo (m)	**pompelmo** (m)	[pom'pelmo]
aguacate (m)	**avocado** (m)	[avo'kado]
papaya (f)	**papaia** (f)	[pa'paja]
mango (m)	**mango** (m)	['mango]
granada (f)	**melagrana** (f)	[mela'grana]
grosella (f) roja	**ribes** (m) **rosso**	['ribes 'rosso]
grosella (f) negra	**ribes** (m) **nero**	['ribes 'nero]
grosella (f) espinosa	**uva** (f) **spina**	['uva 'spina]
arándano (m)	**mirtillo** (m)	[mir'tillo]

zarzamoras (f pl)	mora (f)	['mora]
pasas (f pl)	uvetta (f)	[u'vetta]
higo (m)	fico (m)	['fiko]
dátil (m)	dattero (m)	['dattero]
cacahuete (m)	arachide (f)	[a'rakide]
almendra (f)	mandorla (f)	['mandorla]
nuez (f)	noce (f)	['notʃe]
avellana (f)	nocciola (f)	[no'tʃola]
nuez (f) de coco	noce (f) di cocco	['notʃe di 'kokko]
pistachos (m pl)	pistacchi (m pl)	[pi'stakki]

56. El pan. Los dulces

pasteles (m pl)	pasticceria (f)	[pastitʃe'ria]
pan (m)	pane (m)	['pane]
galletas (f pl)	biscotti (m pl)	[bi'skotti]
chocolate (m)	cioccolato (m)	[tʃokko'lato]
de chocolate (adj)	al cioccolato	[al tʃokko'lato]
caramelo (m)	caramella (f)	[kara'mella]
tarta (f) (pequeña)	tortina (f)	[tor'tina]
tarta (f) (~ de cumpleaños)	torta (f)	['torta]
tarta (f) (~ de manzana)	crostata (f)	[kro'stata]
relleno (m)	ripieno (m)	[ri'pjeno]
confitura (f)	marmellata (f)	[marmel'lata]
mermelada (f)	marmellata (f) di agrumi	[marmel'lata di a'grumi]
gofre (m)	wafer (m)	['vafer]
helado (m)	gelato (m)	[dʒe'lato]
pudin (m)	budino (m)	[bu'dino]

57. Las especias

sal (f)	sale (m)	['sale]
salado (adj)	salato	[sa'lato]
salar (vt)	salare (vt)	[sa'lare]
pimienta (f) negra	pepe (m) nero	['pepe 'nero]
pimienta (f) roja	peperoncino (m)	[peperon'tʃino]
mostaza (f)	senape (f)	[se'nape]
rábano (m) picante	cren (m)	['kren]
condimento (m)	condimento (m)	[kondi'mento]
especia (f)	spezie (f pl)	['spetsie]
salsa (f)	salsa (f)	['salsa]
vinagre (m)	aceto (m)	[a'tʃeto]

anís (m)	**anice** (m)	['anitʃe]
albahaca (f)	**basilico** (m)	[ba'ziliko]
clavo (m)	**chiodi** (m pl) **di garofano**	['kjodi di ga'rofano]
jengibre (m)	**zenzero** (m)	['dzendzero]
cilantro (m)	**coriandolo** (m)	[kori'andolo]
canela (f)	**cannella** (f)	[kan'nella]
sésamo (m)	**sesamo** (m)	[sezamo]
hoja (f) de laurel	**alloro** (m)	[al'loro]
paprika (f)	**paprica** (f)	['paprika]
comino (m)	**cumino, comino** (m)	[ku'mino], [ko'mino]
azafrán (m)	**zafferano** (m)	[dzaffe'rano]

LA INFORMACIÓN PERSONAL. PERSONAL. LA FAMILIA

T&P Books Publishing

58. La información personal. Los formularios

nombre (m)	nome (m)	['nome]
apellido (m)	cognome (m)	[ko'ɲome]
fecha (f) de nacimiento	data (f) di nascita	['data di 'naʃita]
lugar (m) de nacimiento	luogo (m) di nascita	[lu'ogo di 'naʃita]
nacionalidad (f)	nazionalità (f)	[natsjonali'ta]
domicilio (m)	domicilio (m)	[domi'tʃilio]
país (m)	paese (m)	[pa'eze]
profesión (f)	professione (f)	[profes'sjone]
sexo (m)	sesso (m)	['sesso]
estatura (f)	statura (f)	[sta'tura]
peso (m)	peso (m)	['pezo]

59. Los familiares. Los parientes

madre (f)	madre (f)	['madre]
padre (m)	padre (m)	['padre]
hijo (m)	figlio (m)	['fiʎʎo]
hija (f)	figlia (f)	['fiʎʎa]
hija (f) menor	figlia (f) minore	['fiʎʎa mi'nore]
hijo (m) menor	figlio (m) minore	['fiʎʎo mi'nore]
hija (f) mayor	figlia (f) maggiore	['fiʎʎa ma'dʒore]
hijo (m) mayor	figlio (m) maggiore	['fiʎʎo ma'dʒore]
hermano (m)	fratello (m)	[fra'tello]
hermana (f)	sorella (f)	[so'rella]
primo (m)	cugino (m)	[ku'dʒino]
prima (f)	cugina (f)	[ku'dʒina]
mamá (f)	mamma (f)	['mamma]
papá (m)	papà (m)	[pa'pa]
padres (pl)	genitori (m pl)	[dʒeni'tori]
niño -a (m, f)	bambino (m)	[bam'bino]
niños (pl)	bambini (m pl)	[bam'bini]
abuela (f)	nonna (f)	['nonna]
abuelo (m)	nonno (m)	['nonno]
nieto (m)	nipote (m)	[ni'pote]
nieta (f)	nipote (f)	[ni'pote]
nietos (pl)	nipoti (pl)	[ni'poti]

tío (m)	**zio** (m)	['tsio]
tía (f)	**zia** (f)	['tsia]
sobrino (m)	**nipote** (m)	[ni'pote]
sobrina (f)	**nipote** (f)	[ni'pote]
suegra (f)	**suocera** (f)	[su'otʃera]
suegro (m)	**suocero** (m)	[su'otʃero]
yerno (m)	**genero** (m)	['dʒenero]
madrastra (f)	**matrigna** (f)	[ma'triɲa]
padrastro (m)	**patrigno** (m)	[pa'triɲo]
niño (m) de pecho	**neonato** (m)	[neo'nato]
bebé (m)	**infante** (m)	[in'fante]
chico (m)	**bimbo** (m)	['bimbo]
mujer (f)	**moglie** (f)	['moʎʎe]
marido (m)	**marito** (m)	[ma'rito]
esposo (m)	**coniuge** (m)	['konjudʒe]
esposa (f)	**coniuge** (f)	['konjudʒe]
casado (adj)	**sposato**	[spo'zato]
casada (adj)	**sposata**	[spo'zata]
soltero (adj)	**celibe**	['tʃelibe]
soltero (m)	**scapolo**	['skapolo]
divorciado (adj)	**divorziato**	[divortsi'ato]
viuda (f)	**vedova** (f)	['vedova]
viudo (m)	**vedovo** (m)	['vedovo]
pariente (m)	**parente** (m)	[pa'rente]
pariente (m) cercano	**parente** (m) **stretto**	[pa'rente 'stretto]
pariente (m) lejano	**parente** (m) **lontano**	[pa'rente lon'tano]
parientes (pl)	**parenti** (m pl)	[pa'renti]
huérfano (m)	**orfano** (m)	['orfano]
huérfana (f)	**orfana** (f)	['orfana]
tutor (m)	**tutore** (m)	[tu'tore]
adoptar (un niño)	**adottare** (vt)	[adot'tare]
adoptar (una niña)	**adottare** (vt)	[adot'tare]

60. Los amigos. Los compañeros del trabajo

amigo (m)	**amico** (m)	[a'miko]
amiga (f)	**amica** (f)	[a'mika]
amistad (f)	**amicizia** (f)	[ami'tʃitsia]
ser amigo	**essere amici**	['essere a'mitʃi]
amigote (m)	**amico** (m)	[a'miko]
amiguete (f)	**amica** (f)	[a'mika]
compañero (m)	**partner** (m)	['partner]
jefe (m)	**capo** (m)	['kapo]

superior (m)	**capo** (m)**, superiore** (m)	['kapo], [supe'rjore]
subordinado (m)	**subordinato** (m)	[subordi'nato]
colega (m, f)	**collega** (m)	[kol'lega]

conocido (m)	**conoscente** (m)	[kono'ʃente]
compañero (m) de viaje	**compagno** (m) **di viaggio**	[kom'paɲo di 'vjadʒo]
condiscípulo (m)	**compagno** (m) **di classe**	[kom'paɲo di 'klasse]

vecino (m)	**vicino** (m)	[vi'ʧino]
vecina (f)	**vicina** (f)	[vi'ʧina]
vecinos (pl)	**vicini** (m pl)	[vi'ʧini]

EL CUERPO. LA MEDICINA

T&P Books Publishing

cabeza (f)	**testa** (f)	['testa]
cara (f)	**viso** (m)	['vizo]
nariz (f)	**naso** (m)	['nazo]
boca (f)	**bocca** (f)	['bokka]
ojo (m)	**occhio** (m)	['okkio]
ojos (m pl)	**occhi** (m pl)	['okki]
pupila (f)	**pupilla** (f)	[pu'pilla]
ceja (f)	**sopracciglio** (m)	[sopra'tʃiʎʎo]
pestaña (f)	**ciglio** (m)	['tʃiʎʎo]
párpado (m)	**palpebra** (f)	['palpebra]
lengua (f)	**lingua** (f)	['lingua]
diente (m)	**dente** (m)	['dente]
labios (m pl)	**labbra** (f pl)	['labbra]
pómulos (m pl)	**zigomi** (m pl)	['dzigomi]
encía (f)	**gengiva** (f)	[dʒen'dʒiva]
paladar (m)	**palato** (m)	[pa'lato]
ventanas (f pl)	**narici** (f pl)	[na'ritʃi]
mentón (m)	**mento** (m)	['mento]
mandíbula (f)	**mascella** (f)	[ma'ʃella]
mejilla (f)	**guancia** (f)	['gwantʃa]
frente (f)	**fronte** (f)	['fronte]
sien (f)	**tempia** (f)	['tempia]
oreja (f)	**orecchio** (m)	[o'rekkio]
nuca (f)	**nuca** (f)	['nuka]
cuello (m)	**collo** (m)	['kollo]
garganta (f)	**gola** (f)	['gola]
pelo, cabello (m)	**capelli** (m pl)	[ka'pelli]
peinado (m)	**pettinatura** (f)	[pettina'tura]
corte (m) de pelo	**taglio** (m)	['taʎʎo]
peluca (f)	**parrucca** (f)	['parrukka]
bigote (m)	**baffi** (m pl)	['baffi]
barba (f)	**barba** (f)	['barba]
tener (~ la barba)	**portare** (vt)	[por'tare]
trenza (f)	**treccia** (f)	['tretʃa]
patillas (f pl)	**basette** (f pl)	[ba'zette]
pelirrojo (adj)	**rosso**	['rosso]
gris, canoso (adj)	**brizzolato**	[brittso'lato]

| calvo (adj) | **calvo** | ['kalvo] |
| calva (f) | **calvizie** (f) | [kal'vitsie] |

| cola (f) de caballo | **coda** (f) **di cavallo** | ['koda di ka'vallo] |
| flequillo (m) | **frangetta** (f) | [fran'dʒetta] |

62. El cuerpo

| mano (f) | **mano** (f) | ['mano] |
| brazo (m) | **braccio** (m) | ['bratʃo] |

dedo (m)	**dito** (m)	['dito]
dedo (m) del pie	**dito** (m) **del piede**	['dito del 'pjede]
dedo (m) pulgar	**pollice** (m)	['pollitʃe]
dedo (m) meñique	**mignolo** (m)	[mi'ɲolo]
uña (f)	**unghia** (f)	['ungia]

puño (m)	**pugno** (m)	['puɲo]
palma (f)	**palmo** (m)	['palmo]
muñeca (f)	**polso** (m)	['polso]
antebrazo (m)	**avambraccio** (m)	[avam'bratʃo]
codo (m)	**gomito** (m)	['gomito]
hombro (m)	**spalla** (f)	['spalla]

pierna (f)	**gamba** (f)	['gamba]
planta (f)	**pianta** (f) **del piede**	['pjanta del 'pjede]
rodilla (f)	**ginocchio** (m)	[dʒi'nokkio]
pantorrilla (f)	**polpaccio** (m)	[pol'patʃo]

| cadera (f) | **anca** (f) | ['anka] |
| talón (m) | **tallone** (m) | [tal'lone] |

cuerpo (m)	**corpo** (m)	['korpo]
vientre (m)	**pancia** (f)	['pantʃa]
pecho (m)	**petto** (m)	['petto]
seno (m)	**seno** (m)	['seno]
lado (m), costado (m)	**fianco** (m)	['fjanko]
espalda (f)	**schiena** (f)	['skjena]

| zona (f) lumbar | **zona** (f) **lombare** | ['dzona lom'bare] |
| cintura (f), talle (m) | **vita** (f) | ['vita] |

ombligo (m)	**ombelico** (m)	[ombe'liko]
nalgas (f pl)	**natiche** (f pl)	['natike]
trasero (m)	**sedere** (m)	[se'dere]

lunar (m)	**neo** (m)	['neo]
marca (f) de nacimiento	**voglia** (f)	['voʎʎa]
tatuaje (m)	**tatuaggio** (m)	[tatu'adʒo]
cicatriz (f)	**cicatrice** (f)	[tʃika'tritʃe]

63. Las enfermedades

enfermedad (f)	**malattia** (f)	[malat'tia]
estar enfermo	**essere malato**	['essere ma'lato]
salud (f)	**salute** (f)	[sa'lute]
resfriado (m) (coriza)	**raffreddore** (m)	[raffred'dore]
angina (f)	**tonsillite** (f)	[tonsil'lite]
resfriado (m)	**raffreddore** (m)	[raffred'dore]
resfriarse (vr)	**raffreddarsi** (vr)	[raffred'darsi]
bronquitis (f)	**bronchite** (f)	[bron'kite]
pulmonía (f)	**polmonite** (f)	[polmo'nite]
gripe (f)	**influenza** (f)	[influ'entsa]
miope (adj)	**miope**	['miope]
présbita (adj)	**presbite**	['prezbite]
estrabismo (m)	**strabismo** (m)	[stra'bizmo]
estrábico (m) (adj)	**strabico**	['strabiko]
catarata (f)	**cateratta** (f)	[kate'ratta]
glaucoma (m)	**glaucoma** (m)	[glau'koma]
insulto (m)	**ictus** (m) **cerebrale**	['iktus tʃere'brale]
ataque (m) cardiaco	**attacco** (m) **di cuore**	[at'tako di ku'ore]
infarto (m) de miocardio	**infarto** (m) **miocardico**	[in'farto miokar'diko]
parálisis (f)	**paralisi** (f)	[pa'ralizi]
paralizar (vt)	**paralizzare** (vt)	[paralid'dzare]
alergia (f)	**allergia** (f)	[aller'dʒia]
asma (f)	**asma** (f)	['azma]
diabetes (f)	**diabete** (m)	[dia'bete]
dolor (m) de muelas	**mal** (m) **di denti**	[mal di 'denti]
caries (f)	**carie** (f)	['karie]
diarrea (f)	**diarrea** (f)	[diar'rea]
estreñimiento (m)	**stitichezza** (f)	[stiti'kettsa]
molestia (f) estomacal	**disturbo** (m) **gastrico**	[di'sturbo 'gastriko]
envenenamiento (m)	**intossicazione** (f) **alimentare**	[intossika'tsjone alimen'tare]
envenenarse (vr)	**intossicarsi** (vr)	[intossi'karsi]
artritis (f)	**artrite** (f)	[ar'trite]
raquitismo (m)	**rachitide** (f)	[ra'kitide]
reumatismo (m)	**reumatismo** (m)	[reuma'tizmo]
ateroesclerosis (f)	**aterosclerosi** (f)	[ateroskle'rozi]
gastritis (f)	**gastrite** (f)	[ga'strite]
apendicitis (f)	**appendicite** (f)	[appendi'tʃite]
colecistitis (f)	**colecistite** (f)	[koletʃi'stite]
úlcera (f)	**ulcera** (f)	['ultʃera]

sarampión (m)	**morbillo** (m)	[mor'billo]
rubeola (f)	**rosolia** (f)	[rozo'lia]
ictericia (f)	**itterizia** (f)	[itte'ritsia]
hepatitis (f)	**epatite** (f)	[epa'tite]
esquizofrenia (f)	**schizofrenia** (f)	[skidzofre'nia]
rabia (f) (hidrofobia)	**rabbia** (f)	['rabbia]
neurosis (f)	**nevrosi** (f)	[ne'vrozi]
conmoción (f) cerebral	**commozione** (f) **cerebrale**	[kommo'tsjone tʃere'brale]
cáncer (m)	**cancro** (m)	['kankro]
esclerosis (f)	**sclerosi** (f)	[skle'rozi]
esclerosis (m) múltiple	**sclerosi** (f) **multipla**	[skle'rozi 'multipla]
alcoholismo (m)	**alcolismo** (m)	[alko'lizmo]
alcohólico (m)	**alcolizzato** (m)	[alkolid'dzato]
sífilis (f)	**sifilide** (f)	[si'filide]
SIDA (m)	**AIDS** (m)	['aids]
tumor (m)	**tumore** (m)	[tu'more]
maligno (adj)	**maligno**	[ma'liɲo]
benigno (adj)	**benigno**	[be'niɲo]
fiebre (f)	**febbre** (f)	['febbre]
malaria (f)	**malaria** (f)	[ma'laria]
gangrena (f)	**cancrena** (f)	[kan'krena]
mareo (m)	**mal** (m) **di mare**	[mal di 'mare]
epilepsia (f)	**epilessia** (f)	[epiles'sia]
epidemia (f)	**epidemia** (f)	[epide'mia]
tifus (m)	**tifo** (m)	['tifo]
tuberculosis (f)	**tubercolosi** (f)	[tuberko'lozi]
cólera (f)	**colera** (m)	[ko'lera]
peste (f)	**peste** (f)	['peste]

64. Los síntomas. Los tratamientos. Unidad 1

síntoma (m)	**sintomo** (m)	['sintomo]
temperatura (f)	**temperatura** (f)	[tempera'tura]
fiebre (f)	**febbre** (f) **alta**	['febbre 'alta]
pulso (m)	**polso** (m)	['polso]
mareo (m) (vértigo)	**capogiro** (m)	[kapo'dʒiro]
caliente (adj)	**caldo**	['kaldo]
escalofrío (m)	**brivido** (m)	['brivido]
pálido (adj)	**pallido**	['pallido]
tos (f)	**tosse** (f)	['tosse]
toser (vi)	**tossire** (vi)	[tos'sire]
estornudar (vi)	**starnutire** (vi)	[starnu'tire]
desmayo (m)	**svenimento** (m)	[zveni'mento]

desmayarse (vr)	svenire (vi)	[zve'nire]
moradura (f)	livido (m)	['livido]
chichón (m)	bernoccolo (m)	[ber'nokkolo]
golpearse (vr)	farsi un livido	['farsi un 'livido]
magulladura (f)	contusione (f)	[kontu'zjone]
magullarse (vr)	farsi male	['farsi 'male]

cojear (vi)	zoppicare (vi)	[dzoppi'kare]
dislocación (f)	slogatura (f)	[zloga'tura]
dislocar (vt)	slogarsi (vr)	[zlo'garsi]
fractura (f)	frattura (f)	[frat'tura]
tener una fractura	fratturarsi (vr)	[frattu'rarsi]

corte (m) (tajo)	taglio (m)	['taʎʎo]
cortarse (vr)	tagliarsi (vr)	[taʎ'ʎarsi]
hemorragia (f)	emorragia (f)	[emorra'dʒia]

| quemadura (f) | scottatura (f) | [skotta'tura] |
| quemarse (vr) | scottarsi (vr) | [skot'tarsi] |

pincharse (~ el dedo)	pungere (vt)	['pundʒere]
pincharse (vr)	pungersi (vr)	['pundʒersi]
herir (vt)	ferire (vt)	[fe'rire]
herida (f)	ferita (f)	[fe'rita]
lesión (f) (herida)	lesione (f)	[le'zjone]
trauma (m)	trauma (m)	['trauma]

delirar (vi)	delirare (vi)	[deli'rare]
tartamudear (vi)	tartagliare (vi)	[tartaʎ'ʎare]
insolación (f)	colpo (m) di sole	['kolpo di 'sole]

65. Los síntomas. Los tratamientos. Unidad 2

| dolor (m) | dolore (m), male (m) | [do'lore], ['male] |
| astilla (f) | scheggia (f) | ['skedʒa] |

sudor (m)	sudore (m)	[su'dore]
sudar (vi)	sudare (vi)	[su'dare]
vómito (m)	vomito (m)	['vomito]
convulsiones (f pl)	convulsioni (f pl)	[konvul'sjoni]

embarazada (adj)	incinta	[in'tʃinta]
nacer (vi)	nascere (vi)	['naʃere]
parto (m)	parto (m)	['parto]
dar a luz	essere in travaglio	['essere in tra'vaʎʎo]
aborto (m)	aborto (m)	[a'borto]

respiración (f)	respirazione (f)	[respira'tsjone]
inspiración (f)	inspirazione (f)	[inspira'tsjone]
espiración (f)	espirazione (f)	[espira'tsjone]

espirar (vi)   **espirare** (vi)   [espi'rare]
inspirar (vi)   **inspirare** (vi)   [inspi'rare]

inválido (m)   **invalido** (m)   [in'valido]
mutilado (m)   **storpio** (m)   ['storpjo]
drogadicto (m)   **battaglia** (f)   [bat'taʎʎa]

sordo (adj)   **sordo**   ['sordo]
mudo (adj)   **muto**   ['muto]
sordomudo (adj)   **sordomuto**   [sordo'muto]

loco (adj)   **matto**   ['matto]
loco (m)   **matto** (m)   ['matto]
loca (f)   **matta** (f)   ['matta]
volverse loco   **impazzire** (vi)   [impat'tsire]

gen (m)   **gene** (m)   ['dʒene]
inmunidad (f)   **immunità** (f)   [immuni'ta]
hereditario (adj)   **ereditario**   [eredi'tario]
de nacimiento (adj)   **innato**   [in'nato]

virus (m)   **virus** (m)   ['virus]
microbio (m)   **microbo** (m)   ['mikrobo]
bacteria (f)   **batterio** (m)   [bat'terio]
infección (f)   **infezione** (f)   [infe'tsjone]

66. Los síntomas. Los tratamientos. Unidad 3

hospital (m)   **ospedale** (m)   [ospe'dale]
paciente (m)   **paziente** (m)   [pa'tsjente]

diagnosis (f)   **diagnosi** (f)   [di'aɲozi]
cura (f)   **cura** (f)   ['kura]
tratamiento (m)   **trattamento** (m)   [tratta'mento]
curarse (vr)   **curarsi** (vr)   [ku'rarsi]
tratar (vt)   **curare** (vt)   [ku'rare]
cuidar (a un enfermo) **accudire**   [akku'dire]
cuidados (m pl)   **assistenza** (f)   [assi'stentsa]

operación (f)   **operazione** (f)   [opera'tsjone]
vendar (vt)   **bendare** (vt)   [ben'dare]
vendaje (m)   **fasciatura** (f)   [faʃa'tura]

vacunación (f)   **vaccinazione** (f)   [vatʃina'tsjone]
vacunar (vt)   **vaccinare** (vt)   [vatʃi'nare]
inyección (f)   **iniezione** (f)   [inje'tsjone]
aplicar una inyección **fare una puntura**   ['fare 'una pun'tura]

ataque (m)   **attacco** (m)   [at'takko]
amputación (f)   **amputazione** (f)   [amputa'tsjone]

amputar (vt)	**amputare** (vt)	[ampu'tare]
coma (m)	**coma** (m)	['koma]
estar en coma	**essere in coma**	['essere in 'koma]
revitalización (f)	**rianimazione** (f)	[rianima'tsjone]
recuperarse (vr)	**guarire** (vi)	[gwa'rire]
estado (m) (de salud)	**stato** (f)	['stato]
consciencia (f)	**conoscenza** (f)	[kono'ʃentsa]
memoria (f)	**memoria** (f)	[me'moria]
extraer (un diente)	**estrarre** (vt)	[e'strarre]
empaste (m)	**otturazione** (f)	[ottura'tsjone]
empastar (vt)	**otturare** (vt)	[ottu'rare]
hipnosis (f)	**ipnosi** (f)	[ip'nozi]
hipnotizar (vt)	**ipnotizzare** (vt)	[ipnotid'dzare]

67. La medicina. Las drogas. Los accesorios

medicamento (m), droga (f)	**medicina** (f)	[medi'tʃina]
remedio (m)	**rimedio** (m)	[ri'medio]
prescribir (vt)	**prescrivere** (vt)	[pres'krivere]
receta (f)	**prescrizione** (f)	[preskri'tsjone]
tableta (f)	**compressa** (f)	[kom'pressa]
ungüento (m)	**unguento** (m)	[un'gwento]
ampolla (f)	**fiala** (f)	[fi'ala]
mixtura (f), mezcla (f)	**pozione** (f)	[po'tsjone]
sirope (m)	**sciroppo** (m)	[ʃi'roppo]
píldora (f)	**pillola** (f)	['pillola]
polvo (m)	**polverina** (f)	[polve'rina]
venda (f)	**benda** (f)	['benda]
algodón (m) (discos de ~)	**ovatta** (f)	[o'vatta]
yodo (m)	**iodio** (m)	[i'odio]
tirita (f), curita (f)	**cerotto** (m)	[tʃe'rotto]
pipeta (f)	**contagocce** (m)	[konta'gotʃe]
termómetro (m)	**termometro** (m)	[ter'mometro]
jeringa (f)	**siringa** (f)	[si'ringa]
silla (f) de ruedas	**sedia** (f) **a rotelle**	['sedia a ro'telle]
muletas (f pl)	**stampelle** (f pl)	[stam'pelle]
anestésico (m)	**analgesico** (m)	[anal'dʒeziko]
purgante (m)	**lassativo** (m)	[lassa'tivo]
alcohol (m)	**alcol** (m)	[al'kol]
hierba (f) medicinal	**erba** (f) **officinale**	['erba offitʃi'nale]
de hierbas (té ~)	**d'erbe**	['derbe]

EL APARTAMENTO

T&P Books Publishing

68. El apartamento

apartamento (m)	**appartamento** (m)	[apparta'mento]
habitación (f)	**camera** (f), **stanza** (f)	['kamera], ['stantsa]
dormitorio (m)	**camera** (f) **da letto**	['kamera da 'letto]
comedor (m)	**sala** (f) **da pranzo**	['sala da 'prantso]
salón (m)	**salotto** (m)	[sa'lotto]
despacho (m)	**studio** (m)	['studio]
antecámara (f)	**ingresso** (m)	[in'gresso]
cuarto (m) de baño	**bagno** (m)	['baɲo]
servicio (m)	**gabinetto** (m)	[gabi'netto]
techo (m)	**soffitto** (m)	[sof'fitto]
suelo (m)	**pavimento** (m)	[pavi'mento]
rincón (m)	**angolo** (m)	['angolo]

69. Los muebles. El interior

muebles (m pl)	**mobili** (m pl)	['mobili]
mesa (f)	**tavolo** (m)	['tavolo]
silla (f)	**sedia** (f)	['sedia]
cama (f)	**letto** (m)	['letto]
sofá (m)	**divano** (m)	[di'vano]
sillón (m)	**poltrona** (f)	[pol'trona]
librería (f)	**libreria** (f)	[libre'ria]
estante (m)	**ripiano** (m)	[ri'pjano]
armario (m)	**armadio** (m)	[ar'madio]
percha (f)	**attaccapanni** (m) **da parete**	[attakka'panni da pa'rete]
perchero (m) de pie	**appendiabiti** (m) **da terra**	[apen'djabiti da terra]
cómoda (f)	**comò** (m)	[ko'mo]
mesa (f) de café	**tavolino** (m) **da salotto**	[tavo'lina da sa'lotto]
espejo (m)	**specchio** (m)	['spekkio]
tapiz (m)	**tappeto** (m)	[tap'peto]
alfombra (f)	**tappetino** (m)	[tappe'tino]
chimenea (f)	**camino** (m)	[ka'mino]
vela (f)	**candela** (f)	[kan'dela]
candelero (m)	**candeliere** (m)	[kande'ljere]

cortinas (f pl)	**tende** (f pl)	['tende]
empapelado (m)	**carta** (f) **da parati**	['karta da pa'rati]
estor (m) de láminas	**tende** (f pl) **alla veneziana**	['tende alla vene'tsjana]
lámpara (f) de mesa	**lampada** (f) **da tavolo**	['lampada da 'tavolo]
aplique (m)	**lampada** (f) **da parete**	['lampada da pa'rete]
lámpara (f) de pie	**lampada** (f) **a stelo**	['lampada a 'stelo]
lámpara (f) de araña	**lampadario** (m)	[lampa'dario]
pata (f) (~ de la mesa)	**gamba** (f)	['gamba]
brazo (m)	**bracciolo** (m)	['bratʃolo]
espaldar (m)	**spalliera** (f)	[spal'ljera]
cajón (m)	**cassetto** (m)	[kas'setto]

70. Los accesorios de cama

ropa (f) de cama	**biancheria** (f) **da letto**	[bjanke'ria da 'letto]
almohada (f)	**cuscino** (m)	[ku'ʃino]
funda (f)	**federa** (f)	['federa]
manta (f)	**coperta** (f)	[ko'perta]
sábana (f)	**lenzuolo** (m)	[lentsu'olo]
sobrecama (f)	**copriletto** (m)	[kopri'letto]

71. La cocina

cocina (f)	**cucina** (f)	[ku'tʃina]
gas (m)	**gas** (m)	[gas]
cocina (f) de gas	**fornello** (m) **a gas**	[for'nello a gas]
cocina (f) eléctrica	**fornello** (m) **elettrico**	[for'nello e'lettriko]
horno (m)	**forno** (m)	['forno]
horno (m) microondas	**forno** (m) **a microonde**	['forno a mikro'onde]
frigorífico (m)	**frigorifero** (m)	[frigo'rifero]
congelador (m)	**congelatore** (m)	[kondʒela'tore]
lavavajillas (m)	**lavastoviglie** (f)	[lavasto'viʎʎe]
picadora (f) de carne	**tritacarne** (m)	[trita'karne]
exprimidor (m)	**spremifrutta** (m)	[spremi'frutta]
tostador (m)	**tostapane** (m)	[tosta'pane]
batidora (f)	**mixer** (m)	['mikser]
cafetera (f) (aparato de cocina)	**macchina** (f) **da caffè**	['makkina da kaf'fe]
cafetera (f) (para servir)	**caffettiera** (f)	[kaffet'tjera]
molinillo (m) de café	**macinacaffè** (m)	[matʃinakaf'fe]
hervidor (m) de agua	**bollitore** (m)	[bolli'tore]
tetera (f)	**teiera** (f)	[te'jera]

tapa (f)	coperchio (m)	[ko'perkio]
colador (m) de té	colino (m) da tè	[ko'lino da te]
cuchara (f)	cucchiaio (m)	[kuk'kjajo]
cucharilla (f)	cucchiaino (m) da tè	[kuk'kjajno da 'te]
cuchara (f) de sopa	cucchiaio (m)	[kuk'kjajo]
tenedor (m)	forchetta (f)	[for'ketta]
cuchillo (m)	coltello (m)	[kol'tello]
vajilla (f)	stoviglie (f pl)	[sto'viʎʎe]
plato (m)	piatto (m)	['pjatto]
platillo (m)	piattino (m)	[pjat'tino]
vaso (m) de chupito	cicchetto (m)	[ʧik'ketto]
vaso (m) (~ de agua)	bicchiere (m)	[bik'kjere]
taza (f)	tazzina (f)	[tat'tsina]
azucarera (f)	zuccheriera (f)	[dzukke'rjera]
salero (m)	saliera (f)	[sa'ljera]
pimentero (m)	pepiera (f)	[pe'pjera]
mantequera (f)	burriera (f)	[bur'rjera]
cacerola (f)	pentola (f)	['pentola]
sartén (f)	padella (f)	[pa'della]
cucharón (m)	mestolo (m)	['mestolo]
colador (m)	colapasta (m)	[kola'pasta]
bandeja (f)	vassoio (m)	[vas'sojo]
botella (f)	bottiglia (f)	[bot'tiʎʎa]
tarro (m) de vidrio	barattolo (m) di vetro	[ba'rattolo di 'vetro]
lata (f)	latta (f), lattina (f)	['latta], [lat'tina]
abrebotellas (m)	apribottiglie (m)	[apribot'tiʎʎe]
abrelatas (m)	apriscatole (m)	[apri'skatole]
sacacorchos (m)	cavatappi (m)	[kava'tappi]
filtro (m)	filtro (m)	['filtro]
filtrar (vt)	filtrare (vt)	[fil'trare]
basura (f)	spazzatura (f)	[spattsa'tura]
cubo (m) de basura	pattumiera (f)	[pattu'mjera]

72. El baño

cuarto (m) de baño	bagno (m)	['baɲo]
agua (f)	acqua (f)	['akwa]
grifo (m)	rubinetto (m)	[rubi'netto]
agua (f) caliente	acqua (f) calda	['akwa 'kalda]
agua (f) fría	acqua (f) fredda	['akwa 'fredda]
pasta (f) de dientes	dentifricio (m)	[denti'friʧo]
limpiarse los dientes	lavarsi i denti	[la'varsi i 'denti]

cepillo (m) de dientes	**spazzolino** (m) **da denti**	[spatso'lino da 'denti]
afeitarse (vr)	**rasarsi** (vr)	[ra'zarsi]
espuma (f) de afeitar	**schiuma** (f) **da barba**	['skjuma da 'barba]
maquinilla (f) de afeitar	**rasoio** (m)	[ra'zojo]

lavar (vt)	**lavare** (vt)	[la'vare]
darse un baño	**fare un bagno**	['fare un 'baɲo]
ducha (f)	**doccia** (f)	['dotʃa]
darse una ducha	**fare una doccia**	['fare 'una 'dotʃa]

bañera (f)	**vasca** (f) **da bagno**	['vaska da 'baɲo]
inodoro (m)	**water** (m)	['vater]
lavabo (m)	**lavandino** (m)	[lavan'dino]

jabón (m)	**sapone** (m)	[sa'pone]
jabonera (f)	**porta** (m) **sapone**	['porta sa'pone]

esponja (f)	**spugna** (f)	['spuɲa]
champú (m)	**shampoo** (m)	['ʃampo]
toalla (f)	**asciugamano** (m)	[aʃuga'mano]
bata (f) de baño	**accappatoio** (m)	[akkappa'tojo]

colada (f), lavado (m)	**bucato** (m)	[bu'kato]
lavadora (f)	**lavatrice** (f)	[lava'tritʃe]
lavar la ropa	**fare il bucato**	['fare il bu'kato]
detergente (m) en polvo	**detersivo** (m) **per il bucato**	[deter'sivo per il bu'kato]

73. Los aparatos domésticos

televisor (m)	**televisore** (m)	[televi'zore]
magnetófono (m)	**registratore** (m) **a nastro**	[redʒistra'tore a 'nastro]
vídeo (m)	**videoregistratore** (m)	[video·redʒistra'tore]
radio (m)	**radio** (f)	['radio]
reproductor (m) (~ MP3)	**lettore** (m)	[let'tore]

proyector (m) de vídeo	**videoproiettore** (m)	[video·projet'tore]
sistema (m) home cinema	**home cinema** (m)	['om 'tʃinema]
reproductor (m) de DVD	**lettore** (m) **DVD**	[let'tore divu'di]
amplificador (m)	**amplificatore** (m)	[amplifika'tore]
videoconsola (f)	**console** (f) **video giochi**	['konsole 'video 'dʒoki]

cámara (f) de vídeo	**videocamera** (f)	[video·'kamera]
cámara (f) fotográfica	**macchina** (f) **fotografica**	['makkina foto'grafika]
cámara (f) digital	**fotocamera** (f) **digitale**	[foto'kamera didʒi'tale]

aspirador (m), aspiradora (f)	**aspirapolvere** (m)	[aspira·'polvere]
plancha (f)	**ferro** (m) **da stiro**	['ferro da 'stiro]
tabla (f) de planchar	**asse** (f) **da stiro**	['asse da 'stiro]
teléfono (m)	**telefono** (m)	[te'lefono]

teléfono (m) móvil	**telefonino** (m)	[telefo'nino]
máquina (f) de escribir	**macchina** (f) **da scrivere**	['makkina da 'skrivere]
máquina (f) de coser	**macchina** (f) **da cucire**	['makkina da ku'tʃire]
micrófono (m)	**microfono** (m)	[mi'krofono]
auriculares (m pl)	**cuffia** (f)	['kuffia]
mando (m) a distancia	**telecomando** (m)	[teleko'mando]
CD (m)	**CD** (m)	[tʃi'di]
casete (m)	**cassetta** (f)	[kas'setta]
disco (m) de vinilo	**disco** (m)	['disko]

LA TIERRA. EL TIEMPO

T&P Books Publishing

74. El espacio

cosmos (m)	cosmo (m)	['kozmo]
espacial, cósmico (adj)	cosmico, spaziale	['kozmiko], [spa'tsjale]
espacio (m) cósmico	spazio (m) cosmico	['spatsio 'kozmiko]
mundo (m)	mondo (m)	['mondo]
universo (m)	universo (m)	[uni'verso]
galaxia (f)	galassia (f)	[ga'lassia]
estrella (f)	stella (f)	['stella]
constelación (f)	costellazione (f)	[kostella'tsjone]
planeta (m)	pianeta (m)	[pja'neta]
satélite (m)	satellite (m)	[sa'tellite]
meteorito (m)	meteorite (m)	[meteo'rite]
cometa (m)	cometa (f)	[ko'meta]
asteroide (m)	asteroide (m)	[aste'roide]
órbita (f)	orbita (f)	['orbita]
girar (vi)	ruotare (vi)	[ruo'tare]
atmósfera (f)	atmosfera (f)	[atmo'sfera]
Sol (m)	il Sole	[il 'sole]
sistema (m) solar	sistema (m) solare	[si'stema so'lare]
eclipse (m) de Sol	eclisse (f) solare	[e'klisse so'lare]
Tierra (f)	la Terra	[la 'terra]
Luna (f)	la Luna	[la 'luna]
Marte (m)	Marte (m)	['marte]
Venus (f)	Venere (f)	['venere]
Júpiter (m)	Giove (m)	['dʒove]
Saturno (m)	Saturno (m)	[sa'turno]
Mercurio (m)	Mercurio (m)	[mer'kurio]
Urano (m)	Urano (m)	[u'rano]
Neptuno (m)	Nettuno (m)	[net'tuno]
Plutón (m)	Plutone (m)	[plu'tone]
la Vía Láctea	Via (f) Lattea	['via 'lattea]
la Osa Mayor	Orsa (f) Maggiore	['orsa ma'dʒore]
la Estrella Polar	Stella (f) Polare	['stella po'lare]
marciano (m)	marziano (m)	[mar'tsjano]
extraterrestre (m)	extraterrestre (m)	[ekstrater'restre]

planetícola (m)	**alieno** (m)	[a'ljeno]
platillo (m) volante	**disco** (m) **volante**	['disko vo'lante]
nave (f) espacial	**nave** (f) **spaziale**	['nave spa'tsjale]
estación (f) orbital	**stazione** (f) **spaziale**	[sta'tsjone spa'tsjale]
despegue (m)	**lancio** (m)	['lantʃo]
motor (m)	**motore** (m)	[mo'tore]
tobera (f)	**ugello** (m)	[u'dʒello]
combustible (m)	**combustibile** (m)	[kombu'stibile]
carlinga (f)	**cabina** (f) **di pilotaggio**	[ka'bina di pilo'tadʒio]
antena (f)	**antenna** (f)	[an'tenna]
ventana (f)	**oblò** (m)	[ob'lo]
batería (f) solar	**batteria** (f) **solare**	[batte'ria so'lare]
escafandra (f)	**scafandro** (m)	[ska'fandro]
ingravidez (f)	**imponderabilità** (f)	[imponderabili'ta]
oxígeno (m)	**ossigeno** (m)	[os'sidʒeno]
atraque (m)	**aggancio** (m)	[ag'gantʃo]
realizar el atraque	**agganciarsi** (vr)	[aggan'tʃarsi]
observatorio (m)	**osservatorio** (m)	[osserva'torio]
telescopio (m)	**telescopio** (m)	[tele'skopio]
observar (vt)	**osservare** (vt)	[osser'vare]
explorar (~ el universo)	**esplorare** (vt)	[esplo'rare]

75. La tierra

Tierra (f)	**la Terra**	[la 'terra]
globo (m) terrestre	**globo** (m) **terrestre**	['globo ter'restre]
planeta (m)	**pianeta** (m)	[pja'neta]
atmósfera (f)	**atmosfera** (f)	[atmo'sfera]
geografía (f)	**geografia** (f)	[dʒeogra'fia]
naturaleza (f)	**natura** (f)	[na'tura]
globo (m) terráqueo	**mappamondo** (m)	[mappa'mondo]
mapa (m)	**carta** (f) **geografica**	['karta dʒeo'grafika]
atlas (m)	**atlante** (m)	[a'tlante]
Europa (f)	**Europa** (f)	[eu'ropa]
Asia (f)	**Asia** (f)	['azia]
África (f)	**Africa** (f)	['afrika]
Australia (f)	**Australia** (f)	[au'stralia]
América (f)	**America** (f)	[a'merika]
América (f) del Norte	**America** (f) **del Nord**	[a'merika del nord]
América (f) del Sur	**America** (f) **del Sud**	[a'merika del sud]

| Antártida (f) | **Antartide** (f) | [an'tartide] |
| Ártico (m) | **Artico** (m) | ['artiko] |

76. Los puntos cardinales

norte (m)	**nord** (m)	[nord]
al norte	**a nord**	[a nord]
en el norte	**al nord**	[al nord]
del norte (adj)	**del nord**	[del nord]

sur (m)	**sud** (m)	[sud]
al sur	**a sud**	[a sud]
en el sur	**al sud**	[al sud]
del sur (adj)	**del sud**	[del sud]

oeste (m)	**ovest** (m)	['ovest]
al oeste	**a ovest**	[a 'ovest]
en el oeste	**all'ovest**	[all 'ovest]
del oeste (adj)	**dell'ovest, occidentale**	[dell 'ovest], [otʃiden'tale]

este (m)	**est** (m)	[est]
al este	**a est**	[a est]
en el este	**all'est**	[all 'est]
del este (adj)	**dell'est, orientale**	[dell 'est], [orien'tale]

77. El mar. El océano

mar (m)	**mare** (m)	['mare]
océano (m)	**oceano** (m)	[o'tʃeano]
golfo (m)	**golfo** (m)	['golfo]
estrecho (m)	**stretto** (m)	['stretto]

tierra (f) firme	**terra** (f)	['terra]
continente (m)	**continente** (m)	[konti'nente]
isla (f)	**isola** (f)	['izola]
península (f)	**penisola** (f)	[pe'nizola]
archipiélago (m)	**arcipelago** (m)	[artʃi'pelago]

bahía (f)	**baia** (f)	['baja]
ensenada, bahía (f)	**porto** (m)	['porto]
laguna (f)	**laguna** (f)	[la'guna]
cabo (m)	**capo** (m)	['kapo]

atolón (m)	**atollo** (m)	[a'tollo]
arrecife (m)	**scogliera** (f)	[skoʎ'ʎera]
coral (m)	**corallo** (m)	[ko'rallo]
arrecife (m) de coral	**barriera** (f) **corallina**	[bar'rjera koral'lina]
profundo (adj)	**profondo**	[pro'fondo]

profundidad (f)	**profondità** (f)	[profondi'ta]
abismo (m)	**abisso** (m)	[a'bisso]
fosa (f) oceánica	**fossa** (f)	['fossa]
corriente (f)	**corrente** (f)	[kor'rente]
bañar (rodear)	**circondare** (vt)	[ʧirkon'dare]
orilla (f)	**litorale** (m)	[lito'rale]
costa (f)	**costa** (f)	['kosta]
flujo (m)	**alta marea** (f)	['alta ma'rea]
reflujo (m)	**bassa marea** (f)	['bassa ma'rea]
banco (m) de arena	**banco** (m) **di sabbia**	['banko di 'sabbia]
fondo (m)	**fondo** (m)	['fondo]
ola (f)	**onda** (f)	['onda]
cresta (f) de la ola	**cresta** (f) **dell'onda**	['kresta dell 'onda]
espuma (f)	**schiuma** (f)	['skjuma]
tempestad (f)	**tempesta** (f)	[tem'pesta]
huracán (m)	**uragano** (m)	[ura'gano]
tsunami (m)	**tsunami** (m)	[tsu'nami]
bonanza (f)	**bonaccia** (f)	[bo'naʧa]
calmo, tranquilo	**tranquillo**	[tran'kwillo]
polo (m)	**polo** (m)	['polo]
polar (adj)	**polare**	[po'lare]
latitud (f)	**latitudine** (f)	[lati'tudine]
longitud (f)	**longitudine** (f)	[londʒi'tudine]
paralelo (m)	**parallelo** (m)	[paral'lelo]
ecuador (m)	**equatore** (m)	[ekwa'tore]
cielo (m)	**cielo** (m)	['ʧelo]
horizonte (m)	**orizzonte** (m)	[orid'dzonte]
aire (m)	**aria** (f)	['aria]
faro (m)	**faro** (m)	['faro]
bucear (vi)	**tuffarsi** (vr)	[tuf'farsi]
hundirse (vr)	**affondare** (vi)	[affon'dare]
tesoros (m pl)	**tesori** (m)	[te'zori]

78. Los nombres de los mares y los océanos

océano (m) Atlántico	**Oceano** (m) **Atlantico**	[o'ʧeano at'lantiko]
océano (m) Índico	**Oceano** (m) **Indiano**	[o'ʧeano indi'ano]
océano (m) Pacífico	**Oceano** (m) **Pacifico**	[o'ʧeano pa'ʧifiko]
océano (m) Glacial Ártico	**mar** (m) **Glaciale Artico**	[mar gla'ʧale 'artiko]
mar (m) Negro	**mar** (m) **Nero**	[mar 'nero]
mar (m) Rojo	**mar** (m) **Rosso**	[mar 'rosso]

mar (m) Amarillo	mar (m) **Giallo**	[mar 'dʒallo]
mar (m) Blanco	mar (m) **Bianco**	[mar 'bjanko]
mar (m) Caspio	mar (m) **Caspio**	[mar 'kaspio]
mar (m) Muerto	mar (m) **Morto**	[mar 'morto]
mar (m) Mediterráneo	mar (m) **Mediterraneo**	[mar mediter'raneo]
mar (m) Egeo	mar (m) **Egeo**	[mar e'dʒeo]
mar (m) Adriático	mar (m) **Adriatico**	[mar adri'atiko]
mar (m) Arábigo	mar (m) **Arabico**	[mar a'rabiko]
mar (m) del Japón	mar (m) **del Giappone**	[mar del dʒap'pone]
mar (m) de Bering	mare (m) **di Bering**	['mare di 'bering]
mar (m) de la China Meridional	mar (m) **Cinese meridionale**	[mar tʃi'neze meridio'nale]
mar (m) del Coral	mar (m) **dei Coralli**	[mar 'dei ko'ralli]
mar (m) de Tasmania	mar (m) **di Tasmania**	[mar di taz'mania]
mar (m) Caribe	mar (m) **dei Caraibi**	[mar dei kara'ibi]
mar (m) de Barents	mare (m) **di Barents**	['mare di 'barents]
mar (m) de Kara	mare (m) **di Kara**	['mare di 'kara]
mar (m) del Norte	mare (m) **del Nord**	['mare del nord]
mar (m) Báltico	mar (m) **Baltico**	[mar 'baltiko]
mar (m) de Noruega	mare (m) **di Norvegia**	['mare di nor'vedʒa]

79. Las montañas

montaña (f)	monte (m), **montagna** (f)	['monte], [mon'taɲa]
cadena (f) de montañas	catena (f) **montuosa**	[ka'tena montu'oza]
cresta (f) de montañas	crinale (m)	[kri'nale]
cima (f)	cima (f)	['tʃima]
pico (m)	picco (m)	['pikko]
pie (m)	piedi (m pl)	['pjede]
cuesta (f)	pendio (m)	[pen'dio]
volcán (m)	vulcano (m)	[vul'kano]
volcán (m) activo	vulcano (m) **attivo**	[vul'kano at'tivo]
volcán (m) apagado	vulcano (m) **inattivo**	[vul'kano inat'tivo]
erupción (f)	eruzione (f)	[eru'tsjone]
cráter (m)	cratere (m)	[kra'tere]
magma (m)	magma (m)	['magma]
lava (f)	lava (f)	['lava]
fundido (lava ~a)	fuso	['fuzo]
cañón (m)	canyon (m)	['kenjon]
desfiladero (m)	gola (f)	['gola]

| grieta (f) | crepaccio (m) | [kre'patʃo] |
| precipicio (m) | precipizio (m) | [pretʃi'pitsio] |

puerto (m) (paso)	passo (m), valico (m)	['passo], ['valiko]
meseta (f)	altopiano (m)	[alto'pjano]
roca (f)	falesia (f)	[fa'lezia]
colina (f)	collina (f)	[kol'lina]

glaciar (m)	ghiacciaio (m)	[gja'tʃajo]
cascada (f)	cascata (f)	[kas'kata]
geiser (m)	geyser (m)	['gejzer]
lago (m)	lago (m)	['lago]

llanura (f)	pianura (f)	[pja'nura]
paisaje (m)	paesaggio (m)	[pae'zadʒo]
eco (m)	eco (f)	['eko]

alpinista (m)	alpinista (m)	[alpi'nista]
escalador (m)	scalatore (m)	[skala'tore]
conquistar (vt)	conquistare (vt)	[konkwi'stare]
ascensión (f)	scalata (f)	[ska'lata]

80. Los nombres de las montañas

Alpes (m pl)	Alpi (f pl)	['alpi]
Montblanc (m)	Monte (m) Bianco	['monte 'bjanko]
Pirineos (m pl)	Pirenei (m pl)	[pire'nei]

Cárpatos (m pl)	Carpazi (m pl)	[kar'patsi]
Urales (m pl)	gli Urali (m pl)	[ʎi u'rali]
Cáucaso (m)	Caucaso (m)	['kaukazo]
Elbrus (m)	Monte (m) Elbrus	['monte 'elbrus]

Altai (m)	Monti (m pl) Altai	['monti al'taj]
Tian-Shan (m)	Tien Shan (m)	[tjen 'ʃan]
Pamir (m)	Pamir (m)	[pa'mir]
Himalayos (m pl)	Himalaia (m)	[ima'laja]
Everest (m)	Everest (m)	['everest]

| Andes (m pl) | Ande (f pl) | ['ande] |
| Kilimanjaro (m) | Kilimangiaro (m) | [kiliman'dʒaro] |

81. Los ríos

río (m)	fiume (m)	['fjume]
manantial (m)	fonte (f)	['fonte]
lecho (m) (curso de agua)	letto (m)	['letto]
cuenca (f) fluvial	bacino (m)	[ba'tʃino]

desembocar en …	**sfociare nel …**	[sfo'tʃare nel]
afluente (m)	**affluente** (m)	[afflu'ente]
ribera (f)	**riva** (f)	['riva]
corriente (f)	**corrente** (f)	[kor'rente]
río abajo (adv)	**a valle**	[a 'valle]
río arriba (adv)	**a monte**	[a 'monte]
inundación (f)	**inondazione** (f)	[inonda'tsjone]
riada (f)	**piena** (f)	['pjena]
desbordarse (vr)	**straripare** (vi)	[strari'pare]
inundar (vt)	**inondare** (vt)	[inon'dare]
bajo (m) arenoso	**secca** (f)	['sekka]
rápido (m)	**rapida** (f)	['rapida]
presa (f)	**diga** (f)	['diga]
canal (m)	**canale** (m)	[ka'nale]
lago (m) artificiale	**bacino** (m) **di riserva**	[ba'tʃino di ri'zerva]
esclusa (f)	**chiusa** (f)	['kjuza]
cuerpo (m) de agua	**bacino** (m) **idrico**	[ba'tʃino 'idriko]
pantano (m)	**palude** (f)	[pa'lude]
ciénaga (f)	**pantano** (m)	[pan'tano]
remolino (m)	**vortice** (m)	['vortitʃe]
arroyo (m)	**ruscello** (m)	[ru'ʃello]
potable (adj)	**potabile**	[po'tabile]
dulce (agua ~)	**dolce**	['doltʃe]
hielo (m)	**ghiaccio** (m)	['gjatʃo]
helarse (el lago, etc.)	**ghiacciarsi** (vr)	[gja'tʃarsi]

82. Los nombres de los ríos

Sena (m)	**Senna** (f)	['senna]
Loira (m)	**Loira** (f)	['loira]
Támesis (m)	**Tamigi** (m)	[ta'midʒi]
Rin (m)	**Reno** (m)	['reno]
Danubio (m)	**Danubio** (m)	[da'nubio]
Volga (m)	**Volga** (m)	['volga]
Don (m)	**Don** (m)	[don]
Lena (m)	**Lena** (f)	['lena]
Río (m) Amarillo	**Fiume** (m) **Giallo**	['fjume 'dʒallo]
Río (m) Azul	**Fiume** (m) **Azzurro**	['fjume ad'dzurro]
Mekong (m)	**Mekong** (m)	[me'kong]
Ganges (m)	**Gange** (m)	['gandʒe]

Nilo (m)	**Nilo** (m)	['nilo]
Congo (m)	**Congo** (m)	['kongo]
Okavango (m)	**Okavango**	[oka'vango]
Zambeze (m)	**Zambesi** (m)	[ʣam'bezi]
Limpopo (m)	**Limpopo** (m)	['limpopo]
Misisipi (m)	**Mississippi** (m)	[missis'sippi]

83. El bosque

bosque (m)	**foresta** (f)	[fo'resta]
de bosque (adj)	**forestale**	[fores'tale]
espesura (f)	**foresta** (f) **fitta**	[fo'resta 'fitta]
bosquecillo (m)	**boschetto** (m)	[bos'ketto]
claro (m)	**radura** (f)	[ra'dura]
maleza (f)	**roveto** (m)	[ro'veto]
matorral (m)	**boscaglia** (f)	[bos'kaʎʎa]
senda (f)	**sentiero** (m)	[sen'tjero]
barranco (m)	**calanco** (m)	[ka'lanko]
árbol (m)	**albero** (m)	['albero]
hoja (f)	**foglia** (f)	['foʎʎa]
follaje (m)	**fogliame** (m)	[foʎ'ʎame]
caída (f) de hojas	**caduta** (f) **delle foglie**	[ka'duta 'delle 'foʎʎe]
caer (las hojas)	**cadere** (vi)	[ka'dere]
cima (f)	**cima** (f)	['ʧima]
rama (f)	**ramo** (m), **ramoscello** (m)	['ramo], [ramo'ʃello]
rama (f) (gruesa)	**ramo** (m)	['ramo]
brote (m)	**gemma** (f)	['ʤemma]
aguja (f)	**ago** (m)	['ago]
piña (f)	**pigna** (f)	['piɲa]
agujero (m)	**cavità** (f)	[kavi'ta]
nido (m)	**nido** (m)	['nido]
tronco (m)	**tronco** (m)	['tronko]
raíz (f)	**radice** (f)	[ra'diʧe]
corteza (f)	**corteccia** (f)	[kor'tetʃa]
musgo (m)	**musco** (m)	['musko]
extirpar (vt)	**sradicare** (vt)	[zradi'kare]
talar (vt)	**abbattere** (vt)	[ab'battere]
deforestar (vt)	**disboscare** (vt)	[dizbo'skare]
tocón (m)	**ceppo** (m)	['ʧeppo]
hoguera (f)	**falò** (m)	[fa'lo]
incendio (m) forestal	**incendio** (m) **boschivo**	[in'ʧendio bos'kivo]

apagar (~ el incendio)	spegnere (vt)	['speɲere]
guarda (m) forestal	guardia (f) forestale	['gwardia fores'tale]
protección (f)	protezione (f)	[prote'tsjone]
proteger (vt)	proteggere (vt)	[pro'tedʒere]
cazador (m) furtivo	bracconiere (m)	[brakko'njere]
cepo (m)	tagliola (f)	[taʎ'ʎoʎa]
recoger (setas, bayas)	raccogliere (vt)	[rak'koʎʎere]
perderse (vr)	perdersi (vr)	['perdersi]

84. Los recursos naturales

recursos (m pl) naturales	risorse (f pl) naturali	[ri'sorse natu'rali]
recursos (m pl) subterráneos	minerali (m pl)	[mine'rali]
depósitos (m pl)	deposito (m)	[de'pozito]
yacimiento (m)	giacimento (m)	[dʒatʃi'mento]
extraer (vt)	estrarre (vt)	[e'strarre]
extracción (f)	estrazione (f)	[estra'tsjone]
mena (f)	minerale (m) grezzo	[mine'rale 'greddzo]
mina (f)	miniera (f)	[mi'njera]
pozo (m) de mina	pozzo (m) di miniera	['pottso di mi'njera]
minero (m)	minatore (m)	[mina'tore]
gas (m)	gas (m)	[gas]
gasoducto (m)	gasdotto (m)	[gas'dotto]
petróleo (m)	petrolio (m)	[pe'trolio]
oleoducto (m)	oleodotto (m)	[oleo'dotto]
pozo (m) de petróleo	torre (f) di estrazione	['torre di estra'tsjone]
torre (f) de sondeo	torre (f) di trivellazione	['torre di trivella'tsjone]
petrolero (m)	petroliera (f)	[petro'ljera]
arena (f)	sabbia (f)	['sabbia]
caliza (f)	calcare (m)	[kal'kare]
grava (f)	ghiaia (f)	['gjaja]
turba (f)	torba (f)	['torba]
arcilla (f)	argilla (f)	[ar'dʒilla]
carbón (m)	carbone (m)	[kar'bone]
hierro (m)	ferro (m)	['ferro]
oro (m)	oro (m)	['oro]
plata (f)	argento (m)	[ar'dʒento]
níquel (m)	nichel (m)	['nikel]
cobre (m)	rame (m)	['rame]
zinc (m)	zinco (m)	['dzinko]
manganeso (m)	manganese (m)	[manga'neze]
mercurio (m)	mercurio (m)	[mer'kurio]
plomo (m)	piombo (m)	['pjombo]

mineral (m)	**minerale** (m)	[mine'rale]
cristal (m)	**cristallo** (m)	[kris'tallo]
mármol (m)	**marmo** (m)	['marmo]
uranio (m)	**uranio** (m)	[u'ranio]

85. El tiempo

tiempo (m)	**tempo** (m)	['tempo]
previsión (f) del tiempo	**previsione** (f) **del tempo**	[previ'zjone del 'tempo]
temperatura (f)	**temperatura** (f)	[tempera'tura]
termómetro (m)	**termometro** (m)	[ter'mometro]
barómetro (m)	**barometro** (m)	[ba'rometro]
húmedo (adj)	**umido**	['umido]
humedad (f)	**umidità** (f)	[umidi'ta]
bochorno (m)	**caldo** (m), **afa** (f)	['kaldo], ['afa]
tórrido (adj)	**molto caldo**	['molto 'kaldo]
hace mucho calor	**fa molto caldo**	[fa 'molto 'kaldo]
hace calor (templado)	**fa caldo**	[fa 'kaldo]
templado (adj)	**caldo**	['kaldo]
hace frío	**fa freddo**	[fa 'freddo]
frío (adj)	**freddo**	['freddo]
sol (m)	**sole** (m)	['sole]
brillar (vi)	**splendere** (vi)	['splendere]
soleado (un día ~)	**di sole**	[di 'sole]
elevarse (el sol)	**levarsi** (vr)	[le'varsi]
ponerse (vr)	**tramontare** (vi)	[tramon'tare]
nube (f)	**nuvola** (f)	['nuvola]
nuboso (adj)	**nuvoloso**	[nuvo'lozo]
nubarrón (m)	**nube** (f) **di pioggia**	['nube di 'pjodʒa]
nublado (adj)	**nuvoloso**	[nuvo'lozo]
lluvia (f)	**pioggia** (f)	['pjodʒa]
está lloviendo	**piove**	['pjove]
lluvioso (adj)	**piovoso**	[pjo'vozo]
lloviznar (vi)	**piovigginare** (vi)	[pjovidʒi'nare]
aguacero (m)	**pioggia** (f) **torrenziale**	['pjodʒa torren'tsjale]
chaparrón (m)	**acquazzone** (m)	[akwat'tsone]
fuerte (la lluvia ~)	**forte**	['forte]
charco (m)	**pozzanghera** (f)	[pot'tsangera]
mojarse (vr)	**bagnarsi** (vr)	[ba'narsi]
niebla (f)	**foschia** (f), **nebbia** (f)	[fos'kia], ['nebbia]
nebuloso (adj)	**nebbioso**	[neb'bjozo]
nieve (f)	**neve** (f)	['neve]
está nevando	**nevica**	['nevika]

86. Los eventos climáticos severos. Los desastres naturales

tormenta (f)	**temporale** (m)	[tempo'rale]
relámpago (m)	**fulmine** (f)	['fulmine]
relampaguear (vi)	**lampeggiare** (vi)	[lampe'dʒare]
trueno (m)	**tuono** (m)	[tu'ono]
tronar (vi)	**tuonare** (vi)	[tuo'nare]
está tronando	**tuona**	[tu'ona]
granizo (m)	**grandine** (f)	['grandine]
está granizando	**grandina**	['grandina]
inundar (vt)	**inondare** (vt)	[inon'dare]
inundación (f)	**inondazione** (f)	[inonda'tsjone]
terremoto (m)	**terremoto** (m)	[terre'moto]
sacudida (f)	**scossa** (f)	['skossa]
epicentro (m)	**epicentro** (m)	[epi'tʃentro]
erupción (f)	**eruzione** (f)	[eru'tsjone]
lava (f)	**lava** (f)	['lava]
torbellino (m)	**tromba** (f) **d'aria**	['tromba 'daria]
tornado (m)	**tornado** (m)	[tor'nado]
tifón (m)	**tifone** (m)	[ti'fone]
huracán (m)	**uragano** (m)	[ura'gano]
tempestad (f)	**tempesta** (f)	[tem'pesta]
tsunami (m)	**tsunami** (m)	[tsu'nami]
ciclón (m)	**ciclone** (m)	[tʃi'klone]
mal tiempo (m)	**maltempo** (m)	[mal'tempo]
incendio (m)	**incendio** (m)	[in'tʃendio]
catástrofe (f)	**disastro** (m)	[di'zastro]
meteorito (m)	**meteorite** (m)	[meteo'rite]
avalancha (f)	**valanga** (f)	[va'langa]
alud (m) de nieve	**slavina** (f)	[zla'vina]
ventisca (f)	**tempesta** (f) **di neve**	[tem'pesta di 'neve]
nevasca (f)	**bufera** (f) **di neve**	['bufera di 'neve]

LA FAUNA

T&P Books Publishing

87. Los mamíferos. Los predadores

carnívoro (m)	**predatore** (m)	[preda'tore]
tigre (m)	**tigre** (f)	['tigre]
león (m)	**leone** (m)	[le'one]
lobo (m)	**lupo** (m)	['lupo]
zorro (m)	**volpe** (m)	['volpe]
jaguar (m)	**giaguaro** (m)	[dʒa'gwaro]
leopardo (m)	**leopardo** (m)	[leo'pardo]
guepardo (m)	**ghepardo** (m)	[ge'pardo]
pantera (f)	**pantera** (f)	[pan'tera]
puma (f)	**puma** (f)	['puma]
leopardo (m) de las nieves	**leopardo** (m) **delle nevi**	[leo'pardo 'delle 'nevi]
lince (m)	**lince** (f)	['lintʃe]
coyote (m)	**coyote** (m)	[ko'jote]
chacal (m)	**sciacallo** (m)	[ʃa'kallo]
hiena (f)	**iena** (f)	['jena]

88. Los animales salvajes

animal (m)	**animale** (m)	[ani'male]
bestia (f)	**bestia** (f)	['bestia]
ardilla (f)	**scoiattolo** (m)	[sko'jattolo]
erizo (m)	**riccio** (m)	['ritʃo]
liebre (f)	**lepre** (f)	['lepre]
conejo (m)	**coniglio** (m)	[ko'niʎʎo]
tejón (m)	**tasso** (m)	['tasso]
mapache (m)	**procione** (f)	[pro'tʃone]
hámster (m)	**criceto** (m)	[kri'tʃeto]
marmota (f)	**marmotta** (f)	[mar'motta]
topo (m)	**talpa** (f)	['talpa]
ratón (m)	**topo** (m)	['topo]
rata (f)	**ratto** (m)	['ratto]
murciélago (m)	**pipistrello** (m)	[pipi'strello]
armiño (m)	**ermellino** (m)	[ermel'lino]
cebellina (f)	**zibellino** (m)	[dzibel'lino]
marta (f)	**martora** (f)	['martora]

comadreja (f)	donnola (f)	['donnola]
visón (m)	visone (m)	[vi'zone]
castor (m)	castoro (m)	[kas'toro]
nutria (f)	lontra (f)	['lontra]
caballo (m)	cavallo (m)	[ka'vallo]
alce (m)	alce (m)	['altʃe]
ciervo (m)	cervo (m)	['tʃervo]
camello (m)	cammello (m)	[kam'mello]
bisonte (m)	bisonte (m) americano	[bi'zonte ameri'kano]
uro (m)	bisonte (m) europeo	[bi'zonte euro'peo]
búfalo (m)	bufalo (m)	['bufalo]
cebra (f)	zebra (f)	['dzebra]
antílope (m)	antilope (f)	[an'tilope]
corzo (m)	capriolo (m)	[kapri'olo]
gamo (m)	daino (m)	['daino]
gamuza (f)	camoscio (m)	[ka'moʃo]
jabalí (m)	cinghiale (m)	[tʃin'gjale]
ballena (f)	balena (f)	[ba'lena]
foca (f)	foca (f)	['foka]
morsa (f)	tricheco (m)	[tri'keko]
oso (m) marino	otaria (f)	[o'taria]
delfín (m)	delfino (m)	[del'fino]
oso (m)	orso (m)	['orso]
oso (m) blanco	orso (m) bianco	['orso 'bjanko]
panda (f)	panda (m)	['panda]
mono (m)	scimmia (f)	['ʃimmia]
chimpancé (m)	scimpanzè (m)	[ʃimpan'dze]
orangután (m)	orango (m)	[o'rango]
gorila (m)	gorilla (m)	[go'rilla]
macaco (m)	macaco (m)	[ma'kako]
gibón (m)	gibbone (m)	[dʒib'bone]
elefante (m)	elefante (m)	[ele'fante]
rinoceronte (m)	rinoceronte (m)	[rinotʃe'ronte]
jirafa (f)	giraffa (f)	[dʒi'raffa]
hipopótamo (m)	ippopotamo (m)	[ippo'potamo]
canguro (m)	canguro (m)	[kan'guro]
koala (f)	koala (m)	[ko'ala]
mangosta (f)	mangusta (f)	[man'gusta]
chinchilla (f)	cincillà (f)	[tʃintʃil'la]
mofeta (f)	moffetta (f)	[mof'fetta]
espín (m)	istrice (m)	['istritʃe]

89. Los animales domésticos

gata (f)	**gatta** (f)	['gatta]
gato (m)	**gatto** (m)	['gatto]
perro (m)	**cane** (m)	['kane]
caballo (m)	**cavallo** (m)	[ka'vallo]
garañón (m)	**stallone** (m)	[stal'lone]
yegua (f)	**giumenta** (f)	[dʒu'menta]
vaca (f)	**mucca** (f)	['mukka]
toro (m)	**toro** (m)	['toro]
buey (m)	**bue** (m)	['bue]
oveja (f)	**pecora** (f)	['pekora]
carnero (m)	**montone** (m)	[mon'tone]
cabra (f)	**capra** (f)	['kapra]
cabrón (m)	**caprone** (m)	[kap'rone]
asno (m)	**asino** (m)	['azino]
mulo (m)	**mulo** (m)	['mulo]
cerdo (m)	**porco** (m)	['porko]
cerdito (m)	**porcellino** (m)	[portʃel'lino]
conejo (m)	**coniglio** (m)	[ko'niʎʎo]
gallina (f)	**gallina** (f)	[gal'lina]
gallo (m)	**gallo** (m)	['gallo]
pato (m)	**anatra** (f)	['anatra]
ánade (m)	**maschio** (m) **dell'anatra**	['maskio dell 'anatra]
ganso (m)	**oca** (f)	['oka]
pavo (m)	**tacchino** (m)	[tak'kino]
pava (f)	**tacchina** (f)	[tak'kina]
animales (m pl) domésticos	**animali** (m pl) **domestici**	[ani'mali do'mestitʃi]
domesticado (adj)	**addomesticato**	[addomesti'kato]
domesticar (vt)	**addomesticare** (vt)	[addomesti'kare]
criar (vt)	**allevare** (vt)	[alle'vare]
granja (f)	**fattoria** (f)	[fatto'ria]
aves (f pl) de corral	**pollame** (m)	[pol'lame]
ganado (m)	**bestiame** (m)	[bes'tjame]
rebaño (m)	**branco** (m), **mandria** (f)	['branko], ['mandria]
caballeriza (f)	**scuderia** (f)	[skude'ria]
porqueriza (f)	**porcile** (m)	[por'tʃile]
vaquería (f)	**stalla** (f)	['stalla]
conejal (m)	**conigliera** (f)	[koniʎ'ʎera]
gallinero (m)	**pollaio** (m)	[pol'lajo]

90. Los pájaros

pájaro (m)	uccello (m)	[u'ʧello]
paloma (f)	colombo (m), piccione (m)	[kolombo], [pi'ʧone]
gorrión (m)	passero (m)	['passero]
carbonero (m)	cincia (f)	['ʧinʧa]
urraca (f)	gazza (f)	['gattsa]
cuervo (m)	corvo (m)	['korvo]
corneja (f)	cornacchia (f)	[kor'nakkia]
chova (f)	taccola (f)	['takkola]
grajo (m)	corvo (m) nero	['korvo 'nero]
pato (m)	anatra (f)	['anatra]
ganso (m)	oca (f)	['oka]
faisán (m)	fagiano (m)	[fa'ʤano]
águila (f)	aquila (f)	['akwila]
azor (m)	astore (m)	[a'store]
halcón (m)	falco (m)	['falko]
buitre (m)	grifone (m)	[gri'fone]
cóndor (m)	condor (m)	['kondor]
cisne (m)	cigno (m)	['ʧiɲo]
grulla (f)	gru (f)	[gru]
cigüeña (f)	cicogna (f)	[ʧi'koɲa]
loro (m), papagayo (m)	pappagallo (m)	[pappa'gallo]
colibrí (m)	colibrì (m)	[koli'bri]
pavo (m) real	pavone (m)	[pa'vone]
avestruz (m)	struzzo (m)	['struttso]
garza (f)	airone (m)	[ai'rone]
flamenco (m)	fenicottero (m)	[feni'kottero]
pelícano (m)	pellicano (m)	[pelli'kano]
ruiseñor (m)	usignolo (m)	[uzi'ɲolo]
golondrina (f)	rondine (f)	['rondine]
tordo (m)	tordo (m)	['tordo]
zorzal (m)	tordo (m) sasello	['tordo sa'zello]
mirlo (m)	merlo (m)	['merlo]
vencejo (m)	rondone (m)	[ron'done]
alondra (f)	allodola (f)	[al'lodola]
codorniz (f)	quaglia (f)	['kwaʎʎa]
pájaro carpintero (m)	picchio (m)	['pikkio]
cuco (m)	cuculo (m)	['kukulo]
lechuza (f)	civetta (f)	[ʧi'vetta]

búho (m)	gufo (m) reale	['gufo re'ale]
urogallo (m)	urogallo (m)	[uro'gallo]
gallo lira (m)	fagiano (m) di monte	[fa'dʒano di 'monte]
perdiz (f)	pernice (f)	[per'nitʃe]
estornino (m)	storno (m)	['storno]
canario (m)	canarino (m)	[kana'rino]
ortega (f)	francolino (m) di monte	[franko'lino di 'monte]
pinzón (m)	fringuello (m)	[frin'gwello]
camachuelo (m)	ciuffolotto (m)	[tʃuffo'lotto]
gaviota (f)	gabbiano (m)	[gab'bjano]
albatros (m)	albatro (m)	['albatro]
pingüino (m)	pinguino (m)	[pin'gwino]

91. Los peces. Los animales marinos

brema (f)	abramide (f)	[a'bramide]
carpa (f)	carpa (f)	['karpa]
perca (f)	perca (f)	['perka]
siluro (m)	pesce (m) gatto	['peʃe 'gatto]
lucio (m)	luccio (m)	['lutʃo]
salmón (m)	salmone (m)	[sal'mone]
esturión (m)	storione (m)	[sto'rjone]
arenque (m)	aringa (f)	[a'ringa]
salmón (m) del Atlántico	salmone (m)	[sal'mone]
caballa (f)	scombro (m)	['skombro]
lenguado (m)	sogliola (f)	['soʎʎoʎa]
lucioperca (f)	lucioperca (f)	[lutʃo'perka]
bacalao (m)	merluzzo (m)	[mer'luttso]
atún (m)	tonno (m)	['tonno]
trucha (f)	trota (f)	['trota]
anguila (f)	anguilla (f)	[an'gwilla]
raya (f) eléctrica	torpedine (f)	[tor'pedine]
morena (f)	murena (f)	[mu'rena]
piraña (f)	piranha, piragna (f)	[pi'rania]
tiburón (m)	squalo (m)	['skwalo]
delfín (m)	delfino (m)	[del'fino]
ballena (f)	balena (f)	[ba'lena]
centolla (f)	granchio (m)	['graŋkio]
medusa (f)	medusa (f)	[me'duza]
pulpo (m)	polpo (m)	['polpo]
estrella (f) de mar	stella (f) marina	['stella ma'rina]
erizo (m) de mar	riccio (m) di mare	['ritʃo di 'mare]

caballito (m) de mar	**cavalluccio** (m) **marino**	[kaval'luʧo ma'rino]
ostra (f)	**ostrica** (f)	['ostrika]
camarón (m)	**gamberetto** (m)	[gambe'retto]
bogavante (m)	**astice** (m)	['astiʧe]
langosta (f)	**aragosta** (f)	[ara'gosta]

92. Los anfibios. Los reptiles

serpiente (f)	**serpente** (m)	[ser'pente]
venenoso (adj)	**velenoso**	[vele'nozo]
víbora (f)	**vipera** (f)	['vipera]
cobra (f)	**cobra** (m)	['kobra]
pitón (m)	**pitone** (m)	[pi'tone]
boa (f)	**boa** (m)	['boa]
culebra (f)	**biscia** (f)	['biʃa]
serpiente (m) de cascabel	**serpente** (m) **a sonagli**	[ser'pente a so'naʎʎi]
anaconda (f)	**anaconda** (f)	[ana'konda]
lagarto (m)	**lucertola** (f)	[lu'ʧertola]
iguana (f)	**iguana** (f)	[i'gwana]
varano (m)	**varano** (m)	[va'rano]
salamandra (f)	**salamandra** (f)	[sala'mandra]
camaleón (m)	**camaleonte** (m)	[kamale'onte]
escorpión (m)	**scorpione** (m)	[skor'pjone]
tortuga (f)	**tartaruga** (f)	[tarta'ruga]
rana (f)	**rana** (f)	['rana]
sapo (m)	**rospo** (m)	['rospo]
cocodrilo (m)	**coccodrillo** (m)	[kokko'drillo]

93. Los insectos

insecto (m)	**insetto** (m)	[in'setto]
mariposa (f)	**farfalla** (f)	[far'falla]
hormiga (f)	**formica** (f)	[for'mika]
mosca (f)	**mosca** (f)	['moska]
mosquito (m) (picadura de ~)	**zanzara** (f)	[dzan'dzara]
escarabajo (m)	**scarabeo** (m)	[skara'beo]
avispa (f)	**vespa** (f)	['vespa]
abeja (f)	**ape** (f)	['ape]
abejorro (m)	**bombo** (m)	['bombo]
moscardón (m)	**tafano** (m)	[ta'fano]
araña (f)	**ragno** (m)	['raɲo]
telaraña (f)	**ragnatela** (f)	[raɲa'tela]

libélula (f)	**libellula** (f)	[li'bellula]
saltamontes (m)	**cavalletta** (f)	[kaval'letta]
mariposa (f) nocturna	**farfalla** (f) **notturna**	[far'falla not'turna]
cucaracha (f)	**scarafaggio** (m)	[skara'fadʒo]
garrapata (f)	**zecca** (f)	['tsekka]
pulga (f)	**pulce** (f)	['pultʃe]
mosca (f) negra	**moscerino** (m)	[moʃe'rino]
langosta (f)	**locusta** (f)	[lo'kusta]
caracol (m)	**lumaca** (f)	[lu'maka]
grillo (m)	**grillo** (m)	['grillo]
luciérnaga (f)	**lucciola** (f)	['lutʃola]
mariquita (f)	**coccinella** (f)	[kotʃi'nella]
sanjuanero (m)	**maggiolino** (m)	[madʒo'lino]
sanguijuela (f)	**sanguisuga** (f)	[sangwi'zuga]
oruga (f)	**bruco** (m)	['bruko]
lombriz (m) de tierra	**verme** (m)	['verme]
larva (f)	**larva** (m)	['larva]

LA FLORA

T&P Books Publishing

árbol (m)	**albero** (m)	['albero]
foliáceo (adj)	**deciduo**	[de'tʃiduo]
conífero (adj)	**conifero**	[ko'nifero]
de hoja perenne	**sempreverde**	[sempre'verde]
manzano (m)	**melo** (m)	['melo]
peral (m)	**pero** (m)	['pero]
cerezo (m)	**ciliegio** (m)	[tʃi'ljedʒo]
guindo (m)	**amareno** (m)	[ama'reno]
ciruelo (m)	**prugno** (m)	['pruɲo]
abedul (m)	**betulla** (f)	[be'tulla]
roble (m)	**quercia** (f)	['kwertʃa]
tilo (m)	**tiglio** (m)	['tiʎʎo]
pobo (m)	**pioppo** (m) **tremolo**	['pjoppo 'tremolo]
arce (m)	**acero** (m)	['atʃero]
pícea (f)	**abete** (m)	[a'bete]
pino (m)	**pino** (m)	['pino]
alerce (m)	**larice** (m)	['laritʃe]
abeto (m)	**abete** (m) **bianco**	[a'bete 'bjanko]
cedro (m)	**cedro** (m)	['tʃedro]
álamo (m)	**pioppo** (m)	['pjoppo]
serbal (m)	**sorbo** (m)	['sorbo]
sauce (m)	**salice** (m)	['salitʃe]
aliso (m)	**alno** (m)	['alno]
haya (f)	**faggio** (m)	['fadʒo]
olmo (m)	**olmo** (m)	['olmo]
fresno (m)	**frassino** (m)	['frassino]
castaño (m)	**castagno** (m)	[ka'staɲo]
magnolia (f)	**magnolia** (f)	[ma'ɲolia]
palmera (f)	**palma** (f)	['palma]
ciprés (m)	**cipresso** (m)	[tʃi'presso]
mangle (m)	**mangrovia** (f)	[man'growia]
baobab (m)	**baobab** (m)	[bao'bab]
eucalipto (m)	**eucalipto** (m)	[ewka'lipto]
secoya (f)	**sequoia** (f)	[se'kwoja]

95. Los arbustos

mata (f)	cespuglio (m)	[tʃes'puʎʎo]
arbusto (m)	arbusto (m)	[ar'busto]
vid (f)	vite (f)	['vite]
viñedo (m)	vigneto (m)	[vi'ɲeto]
frambueso (m)	lampone (m)	[lam'pone]
grosellero (m) rojo	ribes (m) rosso	['ribes 'rosso]
grosellero (m) espinoso	uva (f) spina	['uva 'spina]
acacia (f)	acacia (f)	[a'katʃa]
berberís (m)	crespino (m)	[kres'pino]
jazmín (m)	gelsomino (m)	[dʒelso'mino]
enebro (m)	ginepro (m)	[dʒi'nepro]
rosal (m)	roseto (m)	[ro'zeto]
escaramujo (m)	rosa (f) canina	['roza ka'nina]

96. Las frutas. Las bayas

fruto (m)	frutto (m)	['frutto]
frutos (m pl)	frutti (m pl)	['frutti]
manzana (f)	mela (f)	['mela]
pera (f)	pera (f)	['pera]
ciruela (f)	prugna (f)	['pruɲa]
fresa (f)	fragola (f)	['fragola]
guinda (f)	amarena (f)	[ama'rena]
cereza (f)	ciliegia (f)	[tʃi'ljedʒa]
uva (f)	uva (f)	['uva]
frambuesa (f)	lampone (m)	[lam'pone]
grosella (f) negra	ribes (m) nero	['ribes 'nero]
grosella (f) roja	ribes (m) rosso	['ribes 'rosso]
grosella (f) espinosa	uva (f) spina	['uva 'spina]
arándano (m) agrio	mirtillo (m) di palude	[mir'tillo di pa'lude]
naranja (f)	arancia (f)	[a'rantʃa]
mandarina (f)	mandarino (m)	[manda'rino]
piña (f)	ananas (m)	[ana'nas]
banana (f)	banana (f)	[ba'nana]
dátil (m)	dattero (m)	['dattero]
limón (m)	limone (m)	[li'mone]
albaricoque (m)	albicocca (f)	[albi'kokka]
melocotón (m)	pesca (f)	['peska]
kiwi (m)	kiwi (m)	['kiwi]

toronja (f)	**pompelmo** (m)	[pom'pelmo]
baya (f)	**bacca** (f)	['bakka]
bayas (f pl)	**bacche** (f pl)	['bakke]
arándano (m) rojo	**mirtillo** (m) **rosso**	[mir'tillo 'rosso]
fresa (f) silvestre	**fragola** (f) **di bosco**	['fragola di 'bosko]
arándano (m)	**mirtillo** (m)	[mir'tillo]

97. Las flores. Las plantas

flor (f)	**fiore** (m)	['fjore]
ramo (m) de flores	**mazzo** (m) **di fiori**	['mattso di 'fjori]
rosa (f)	**rosa** (f)	['roza]
tulipán (m)	**tulipano** (m)	[tuli'pano]
clavel (m)	**garofano** (m)	[ga'rofano]
gladiolo (m)	**gladiolo** (m)	[gla'djolo]
aciano (m)	**fiordaliso** (m)	[fjorda'lizo]
campanilla (f)	**campanella** (f)	[kampa'nella]
diente (m) de león	**soffione** (m)	[sof'fjone]
manzanilla (f)	**camomilla** (f)	[kamo'milla]
áloe (m)	**aloe** (m)	['aloe]
cacto (m)	**cactus** (m)	['kaktus]
ficus (m)	**ficus** (m)	['fikus]
azucena (f)	**giglio** (m)	['dʒiʎʎo]
geranio (m)	**geranio** (m)	[dʒe'ranio]
jacinto (m)	**giacinto** (m)	[dʒa'tʃinto]
mimosa (f)	**mimosa** (f)	[mi'moza]
narciso (m)	**narciso** (m)	[nar'tʃizo]
capuchina (f)	**nasturzio** (m)	[na'sturtsio]
orquídea (f)	**orchidea** (f)	[orki'dea]
peonía (f)	**peonia** (f)	[pe'onia]
violeta (f)	**viola** (f)	[vi'ola]
trinitaria (f)	**viola** (f) **del pensiero**	[vi'ola del pen'sjero]
nomeolvides (f)	**nontiscordardimé** (m)	[non·ti·skordar·di'me]
margarita (f)	**margherita** (f)	[marge'rita]
amapola (f)	**papavero** (m)	[pa'pavero]
cáñamo (m)	**canapa** (f)	['kanapa]
menta (f)	**menta** (f)	['menta]
muguete (m)	**mughetto** (m)	[mu'getto]
campanilla (f) de las nieves	**bucaneve** (m)	[buka'neve]
ortiga (f)	**ortica** (f)	[or'tika]
acedera (f)	**acetosa** (f)	[atʃe'toza]

nenúfar (m)	**ninfea** (f)	[nin'fea]
helecho (m)	**felce** (f)	['feltʃe]
liquen (m)	**lichene** (m)	[li'kene]
invernadero (m) tropical	**serra** (f)	['serra]
césped (m)	**prato** (m) **erboso**	['prato er'bozo]
macizo (m) de flores	**aiuola** (f)	[aju'ola]
planta (f)	**pianta** (f)	['pjanta]
hierba (f)	**erba** (f)	['erba]
hoja (f) de hierba	**filo** (m) **d'erba**	['filo 'derba]
hoja (f)	**foglia** (f)	['foʎʎa]
pétalo (m)	**petalo** (m)	['petalo]
tallo (m)	**stelo** (m)	['stelo]
tubérculo (m)	**tubero** (m)	['tubero]
retoño (m)	**germoglio** (m)	[dʒer'moʎʎo]
espina (f)	**spina** (f)	['spina]
florecer (vi)	**fiorire** (vi)	[fjo'rire]
marchitarse (vr)	**appassire** (vi)	[appas'sire]
olor (m)	**odore** (m)**, profumo** (m)	[o'dore], [pro'fumo]
cortar (vt)	**tagliare** (vt)	[taʎ'ʎare]
coger (una flor)	**cogliere** (vt)	['koʎʎere]

98. Los cereales, los granos

grano (m)	**grano** (m)	['grano]
cereales (m pl) (plantas)	**cereali** (m pl)	[tʃere'ali]
espiga (f)	**spiga** (f)	['spiga]
trigo (m)	**frumento** (m)	[fru'mento]
centeno (m)	**segale** (f)	['segale]
avena (f)	**avena** (f)	[a'vena]
mijo (m)	**miglio** (m)	['miʎʎo]
cebada (f)	**orzo** (m)	['ortso]
maíz (m)	**mais** (m)	['mais]
arroz (m)	**riso** (m)	['rizo]
alforfón (m)	**grano** (m) **saraceno**	['grano sara'tʃeno]
guisante (m)	**pisello** (m)	[pi'zello]
fréjol (m)	**fagiolo** (m)	[fa'dʒolo]
soya (f)	**soia** (f)	['soja]
lenteja (f)	**lenticchie** (f pl)	[len'tikkje]
habas (f pl)	**fave** (f pl)	['fave]

BOOKS

T&P

LOS PAÍSES

T&P Books Publishing

Afganistán (m)	**Afghanistan** (m)	[af'ganistan]
Albania (f)	**Albania** (f)	[alba'nia]
Alemania (f)	**Germania** (f)	[dʒer'mania]
Arabia (f) Saudita	**Arabia Saudita** (f)	[a'rabia sau'dita]
Argentina (f)	**Argentina** (f)	[ardʒen'tina]
Armenia (f)	**Armenia** (f)	[ar'menia]
Australia (f)	**Australia** (f)	[au'stralia]
Austria (f)	**Austria** (f)	['austria]
Azerbaiyán (m)	**Azerbaigian** (m)	[azerbaj'dʒan]
Bangladesh (m)	**Bangladesh** (m)	['bangladeʃ]
Bélgica (f)	**Belgio** (m)	['beldʒo]
Bielorrusia (f)	**Bielorussia** (f)	[bjelo'russia]
Bolivia (f)	**Bolivia** (f)	[bo'livia]
Bosnia y Herzegovina	**Bosnia-Erzegovina** (f)	['boznia-ertse'govina]
Brasil (m)	**Brasile** (m)	[bra'zile]
Bulgaria (f)	**Bulgaria** (f)	[bulga'ria]
Camboya (f)	**Cambogia** (f)	[kam'bodʒa]
Canadá (f)	**Canada** (m)	['kanada]
Chequia (f)	**Repubblica** (f) **Ceca**	[re'pubblika 'tʃeka]
Chile (m)	**Cile** (m)	['tʃile]
China (f)	**Cina** (f)	['tʃina]
Chipre (m)	**Cipro** (m)	['tʃipro]
Colombia (f)	**Colombia** (f)	[ko'lombia]
Corea (f) del Norte	**Corea** (f) **del Nord**	[ko'rea del nord]
Corea (f) del Sur	**Corea** (f) **del Sud**	[ko'rea del sud]
Croacia (f)	**Croazia** (f)	[kro'atsia]
Cuba (f)	**Cuba** (f)	['kuba]
Dinamarca (f)	**Danimarca** (f)	[dani'marka]
Ecuador (m)	**Ecuador** (m)	[ekva'dor]
Egipto (m)	**Egitto** (m)	[e'dʒitto]
Emiratos (m pl) Árabes Unidos	**Emirati** (m pl) **Arabi**	[emi'rati 'arabi]
Escocia (f)	**Scozia** (f)	['skotsia]
Eslovaquia (f)	**Slovacchia** (f)	[zlo'vakkia]
Eslovenia	**Slovenia** (f)	[zlo'venia]
España (f)	**Spagna** (f)	['spaɲa]
Estados Unidos de América	**Stati** (m pl) **Uniti d'America**	['stati u'niti da'merika]
Estonia (f)	**Estonia** (f)	[es'tonia]
Finlandia (f)	**Finlandia** (f)	[fin'landia]
Francia (f)	**Francia** (f)	['frantʃa]

100. Los países. Unidad 2

Georgia (f)	**Georgia** (f)	[dʒe'ordʒa]
Ghana (f)	**Ghana** (m)	['gana]
Gran Bretaña (f)	**Gran Bretagna** (f)	[gran bre'taɲa]
Grecia (f)	**Grecia** (f)	['gretʃa]
Haití (m)	**Haiti** (m)	[a'iti]
Hungría (f)	**Ungheria** (f)	[unge'ria]
India (f)	**India** (f)	['india]
Indonesia (f)	**Indonesia** (f)	[indo'nezia]
Inglaterra (f)	**Inghilterra** (f)	[ingil'terra]
Irak (m)	**Iraq** (m)	['irak]
Irán (m)	**Iran** (m)	['iran]
Irlanda (f)	**Irlanda** (f)	[ir'landa]
Islandia (f)	**Islanda** (f)	[iz'landa]
Islas (f pl) Bahamas	**le Bahamas**	[le ba'amas]
Israel (m)	**Israele** (m)	[izra'ele]
Italia (f)	**Italia** (f)	[i'talia]
Jamaica (f)	**Giamaica** (f)	[dʒa'majka]
Japón (m)	**Giappone** (m)	[dʒap'pone]
Jordania (f)	**Giordania** (f)	[dʒor'dania]
Kazajstán (m)	**Kazakistan** (m)	[ka'zakistan]
Kenia (f)	**Kenya** (m)	['kenia]
Kirguizistán (m)	**Kirghizistan** (m)	[kir'gizistan]
Kuwait (m)	**Kuwait** (m)	[ku'vejt]
Laos (m)	**Laos** (m)	['laos]
Letonia (f)	**Lettonia** (f)	[let'tonia]
Líbano (m)	**Libano** (m)	['libano]
Libia (f)	**Libia** (f)	['libia]
Liechtenstein (m)	**Liechtenstein** (m)	['liktenstajn]
Lituania (f)	**Lituania** (f)	[litu'ania]
Luxemburgo (m)	**Lussemburgo** (m)	[lussem'burgo]
Macedonia	**Macedonia** (f)	[matʃe'donia]
Madagascar (m)	**Madagascar** (m)	[madagas'kar]
Malasia (f)	**Malesia** (f)	[ma'lezia]
Malta (f)	**Malta** (f)	['malta]
Marruecos (m)	**Marocco** (m)	[ma'rokko]
Méjico (m)	**Messico** (m)	['messiko]
Moldavia (f)	**Moldavia** (f)	[mol'davia]
Mónaco (m)	**Monaco** (m)	['monako]
Mongolia (f)	**Mongolia** (f)	[mo'ngolia]
Montenegro (m)	**Montenegro** (m)	[monte'negro]
Myanmar (m)	**Birmania** (f)	[bir'mania]

101. Los países. Unidad 3

Namibia (f)	**Namibia** (f)	[na'mibia]
Nepal (m)	**Nepal** (m)	[ne'pal]
Noruega (f)	**Norvegia** (f)	[nor'vedʒa]
Nueva Zelanda (f)	**Nuova Zelanda** (f)	[nu'ova dze'landa]
Países Bajos (m pl)	**Paesi Bassi** (m pl)	[pa'ezi 'bassi]
Pakistán (m)	**Pakistan** (m)	['pakistan]
Palestina (f)	**Palestina** (f)	[pale'stina]
Panamá (f)	**Panama** (m)	['panama]
Paraguay (m)	**Paraguay** (m)	[para'gwaj]
Perú (m)	**Perù** (m)	[pe'ru]
Polinesia (f) Francesa	**Polinesia** (f) **Francese**	[poli'nezia fran'tʃeze]
Polonia (f)	**Polonia** (f)	[po'lonia]
Portugal (m)	**Portogallo** (f)	[porto'gallo]
República (f) Dominicana	**Repubblica** (f) **Dominicana**	[re'pubblika domini'kana]
República (f) Sudafricana	**Repubblica** (f) **Sudafricana**	[re'pubblika sudafri'kana]
Rumania (f)	**Romania** (f)	[roma'nia]
Rusia (f)	**Russia** (f)	['russia]
Senegal (m)	**Senegal** (m)	[sene'gal]
Serbia (f)	**Serbia** (f)	['serbia]
Siria (f)	**Siria** (f)	['siria]
Suecia (f)	**Svezia** (f)	['zvetsia]
Suiza (f)	**Svizzera** (f)	['zvittsera]
Surinam (m)	**Suriname** (m)	[suri'name]
Tayikistán (m)	**Tagikistan** (m)	[ta'dʒikistan]
Tailandia (f)	**Tailandia** (f)	[taj'landia]
Taiwán (m)	**Taiwan** (m)	[taj'van]
Tanzania (f)	**Tanzania** (f)	[tan'dzania]
Tasmania (f)	**Tasmania** (f)	[taz'mania]
Túnez (m)	**Tunisia** (f)	[tuni'zia]
Turkmenistán (m)	**Turkmenistan** (m)	[turk'menistan]
Turquía (f)	**Turchia** (f)	[tur'kia]
Ucrania (f)	**Ucraina** (f)	[uk'raina]
Uruguay (m)	**Uruguay** (m)	[uru'gwaj]
Uzbekistán (m)	**Uzbekistan** (m)	[uz'bekistan]
Vaticano (m)	**Vaticano** (m)	[vati'kano]
Venezuela (f)	**Venezuela** (f)	[venetsu'ela]
Vietnam (m)	**Vietnam** (m)	['vjetnam]
Zanzíbar (m)	**Zanzibar**	['dzandzibar]

BOOKS

GLOSARIO GASTRONÓMICO

Esta sección contiene una
gran cantidad de palabras y
términos asociados con la
comida. Este diccionario le hará
más fácil la comprensión
del menú de un restaurante y
la elección del plato adecuado

T&P Books Publishing

¡Que aproveche!	**Buon appetito!**	[bu'on appe'tito]
abrebotellas (m)	**apribottiglie** (m)	[apribot'tiʎʎe]
abrelatas (m)	**apriscatole** (m)	[apri'skatole]
aceite (m) de girasol	**olio** (m) **di girasole**	['oljo di dʒira'sole]
aceite (m) de oliva	**olio** (m) **d'oliva**	['oljo do'liva]
aceite (m) vegetal	**olio** (m) **vegetale**	['oljo vedʒe'tale]
agua (f)	**acqua** (f)	['akwa]
agua (f) mineral	**acqua** (f) **minerale**	['akwa mine'rale]
agua (f) potable	**acqua** (f) **potabile**	['akwa po'tabile]
aguacate (m)	**avocado** (m)	[avo'kado]
ahumado (adj)	**affumicato**	[affumi'kato]
ajo (m)	**aglio** (m)	['aʎʎo]
albahaca (f)	**basilico** (m)	[ba'ziliko]
albaricoque (m)	**albicocca** (f)	[albi'kokka]
alcachofa (f)	**carciofo** (m)	[kar'tʃofo]
alforfón (m)	**grano** (m) **saraceno**	['grano sara'tʃeno]
almendra (f)	**mandorla** (f)	['mandorla]
almuerzo (m)	**pranzo** (m)	['prantso]
amargo (adj)	**amaro**	[a'maro]
anís (m)	**anice** (m)	['anitʃe]
anguila (f)	**anguilla** (f)	[an'gwilla]
aperitivo (m)	**aperitivo** (m)	[aperi'tivo]
apetito (m)	**appetito** (m)	[appe'tito]
apio (m)	**sedano** (m)	['sedano]
arándano (m)	**mirtillo** (m)	[mir'tillo]
arándano (m) agrio	**mirtillo** (m) **di palude**	[mir'tillo di pa'lude]
arándano (m) rojo	**mirtillo** (m) **rosso**	[mir'tillo 'rosso]
arenque (m)	**aringa** (f)	[a'ringa]
arroz (m)	**riso** (m)	['rizo]
atún (m)	**tonno** (m)	['tonno]
avellana (f)	**nocciola** (f)	[no'tʃola]
avena (f)	**avena** (f)	[a'vena]
azúcar (m)	**zucchero** (m)	['dzukkero]
azafrán (m)	**zafferano** (m)	[dzaffe'rano]
azucarado, dulce (adj)	**dolce**	['doltʃe]
bacalao (m)	**merluzzo** (m)	[mer'luttso]
banana (f)	**banana** (f)	[ba'nana]
bar (m)	**pub** (m), **bar** (m)	[pab], [bar]
barman (m)	**barista** (m)	[ba'rista]
batido (m)	**frullato** (m)	[frul'lato]
baya (f)	**bacca** (f)	['bakka]
bayas (f pl)	**bacche** (f pl)	['bakke]
bebida (f) sin alcohol	**bevanda** (f) **analcolica**	[be'vanda anal'kolika]
bebidas (f pl) alcohólicas	**bevande** (f pl) **alcoliche**	[be'vande al'kolike]

beicon (m)	pancetta (f)	[pan'tʃetta]
berenjena (f)	melanzana (f)	[melan'tsana]
bistec (m)	bistecca (f)	[bi'stekka]
bocadillo (m)	panino (m)	[pa'nino]
boleto (m) áspero	porcinello (m)	[portʃi'nello]
boleto (m) castaño	boleto (m) rufo	[bo'leto 'rufo]
brócoli (m)	broccolo (m)	['brokkolo]
brema (f)	abramide (f)	[a'bramide]
cóctel (m)	cocktail (m)	['koktejl]
caballa (f)	scombro (m)	['skombro]
cacahuete (m)	arachide (f)	[a'rakide]
café (m)	caffè (m)	[kaf'fe]
café (m) con leche	caffè latte (m)	[kaf'fe 'latte]
café (m) solo	caffè (m) nero	[kaf'fe 'nero]
café (m) soluble	caffè (m) solubile	[kaf'fe so'lubile]
calabacín (m)	zucchina (f)	[dzuk'kina]
calabaza (f)	zucca (f)	['dzukka]
calamar (m)	calamaro (m)	[kala'maro]
caldo (m)	brodo (m)	['brodo]
caliente (adj)	caldo	['kaldo]
caloría (f)	caloria (f)	[kalo'ria]
camarón (m)	gamberetto (m)	[gambe'retto]
camarera (f)	cameriera (f)	[kame'rjera]
camarero (m)	cameriere (m)	[kame'rjere]
canela (f)	cannella (f)	[kan'nella]
cangrejo (m) de mar	granchio (m)	['graŋkio]
capuchino (m)	cappuccino (m)	[kappu'tʃino]
caramelo (m)	caramella (f)	[kara'mella]
carbohidratos (m pl)	carboidrati (m pl)	[karboi'drati]
carne (f)	carne (f)	['karne]
carne (f) de carnero	agnello (m)	[a'ɲello]
carne (f) de cerdo	maiale (m)	[ma'jale]
carne (f) de ternera	vitello (m)	[vi'tello]
carne (f) de vaca	manzo (m)	['mandzo]
carne (f) picada	carne (f) trita	['karne 'trita]
carpa (f)	carpa (f)	['karpa]
carta (f) de vinos	lista (f) dei vini	['lista 'dei 'vini]
carta (f), menú (m)	menù (m)	[me'nu]
caviar (m)	caviale (m)	[ka'vjale]
caza (f) menor	cacciagione (f)	[katʃa'dʒone]
cebada (f)	orzo (m)	['ortso]
cebolla (f)	cipolla (f)	[tʃi'polla]
cena (f)	cena (f)	['tʃena]
centeno (m)	segale (m)	['segale]
cereales (m pl)	cereali (m pl)	[tʃere'ali]
cereales (m pl) integrales	cereali (m pl)	[tʃere'ali]
cereza (f)	ciliegia (f)	[tʃi'ljedʒa]
cerveza (f)	birra (f)	['birra]
cerveza (f) negra	birra (f) scura	['birra 'skura]
cerveza (f) rubia	birra (f) chiara	['birra 'kjara]
champaña (f)	champagne (m)	[ʃam'paɲ]
chicle (m)	gomma (f) da masticare	['gomma da masti'kare]

chocolate (m)	**cioccolato** (m)	[tʃokko'lato]
cilantro (m)	**coriandolo** (m)	[kori'andolo]
ciruela (f)	**prugna** (f)	['pruɲa]
clara (f)	**albume** (m)	[al'bume]
clavo (m)	**chiodi** (m pl) **di garofano**	['kjodi di ga'rofano]
coñac (m)	**cognac** (m)	['koɲak]
cocido en agua (adj)	**bollito**	[bol'lito]
cocina (f)	**cucina** (f)	[ku'tʃina]
col (f)	**cavolo** (m)	['kavolo]
col (f) de Bruselas	**cavoletti** (m pl) **di Bruxelles**	[kavo'letti di bruk'sel]
coliflor (f)	**cavolfiore** (m)	[kavol'fjore]
colmenilla (f)	**spugnola** (f)	['spuɲola]
comida (f)	**cibo** (m)	['tʃibo]
comino (m)	**cumino, comino** (m)	[ku'mino], [ko'mino]
con gas	**frizzante**	[frid'dzante]
con hielo	**con ghiaccio**	[kon 'gjatʃo]
condimento (m)	**condimento** (m)	[kondi'mento]
conejo (m)	**coniglio** (m)	[ko'niʎʎo]
confitura (f)	**marmellata** (f)	[marmel'lata]
confitura (f)	**marmellata** (f)	[marmel'lata]
congelado (adj)	**congelato**	[kondʒe'lato]
conservas (f pl)	**cibi** (m pl) **in scatola**	['tʃibi in 'skatola]
copa (f) de vino	**calice** (m)	['kalitʃe]
copos (m pl) de maíz	**fiocchi** (m pl) **di mais**	['fjokki di 'mais]
crema (f) de mantequilla	**crema** (f)	['krema]
crustáceos (m pl)	**crostacei** (m pl)	[kro'statʃei]
cuchara (f)	**cucchiaio** (m)	[kuk'kjajo]
cuchara (f) de sopa	**cucchiaio** (m)	[kuk'kjajo]
cucharilla (f)	**cucchiaino** (m) **da tè**	[kuk'kjajno da 'te]
cuchillo (m)	**coltello** (m)	[kol'tello]
cuenta (f)	**conto** (m)	['konto]
dátil (m)	**dattero** (m)	['dattero]
de chocolate (adj)	**al cioccolato**	[al tʃokko'lato]
desayuno (m)	**colazione** (f)	[kola'tsjone]
dieta (f)	**dieta** (f)	[di'eta]
eneldo (m)	**aneto** (m)	[a'neto]
ensalada (f)	**insalata** (f)	[insa'lata]
entremés (m)	**antipasto** (m)	[anti'pasto]
espárrago (m)	**asparago** (m)	[a'sparago]
espagueti (m)	**spaghetti** (m pl)	[spa'getti]
especia (f)	**spezie** (f pl)	['spetsie]
espiga (f)	**spiga** (f)	['spiga]
espinaca (f)	**spinaci** (m pl)	[spi'natʃi]
esturión (m)	**storione** (m)	[sto'rjone]
fletán (m)	**ippoglosso** (m)	[ippo'glosso]
fréjol (m)	**fagiolo** (m)	[fa'dʒolo]
frío (adj)	**freddo**	['freddo]
frambuesa (f)	**lampone** (m)	[lam'pone]
fresa (f)	**fragola** (f)	['fragola]
fresa (f) silvestre	**fragola** (f) **di bosco**	['fragola di 'bosko]
frito (adj)	**fritto**	['fritto]

fruto (m)	**frutto** (m)	['frutto]
frutos (m pl)	**frutti** (m pl)	['frutti]
gachas (f pl)	**porridge** (m)	[por'ridʒe]
galletas (f pl)	**biscotti** (m pl)	[bi'skotti]
gallina (f)	**pollo** (m)	['pollo]
ganso (m)	**oca** (f)	['oka]
gaseoso (adj)	**gassata**	[gas'sata]
ginebra (f)	**gin** (m)	[dʒin]
gofre (m)	**wafer** (m)	['vafer]
granada (f)	**melagrana** (f)	[mela'grana]
grano (m)	**grano** (m)	['grano]
grasas (f pl)	**grassi** (m pl)	['grassi]
grosella (f) espinosa	**uva** (f) **spina**	['uva 'spina]
grosella (f) negra	**ribes** (m) **nero**	['ribes 'nero]
grosella (f) roja	**ribes** (m) **rosso**	['ribes 'rosso]
guarnición (f)	**contorno** (m)	[kon'torno]
guinda (f)	**amarena** (f)	[ama'rena]
guisante (m)	**pisello** (m)	[pi'zello]
hígado (m)	**fegato** (m)	['fegato]
habas (f pl)	**fave** (f pl)	['fave]
hamburguesa (f)	**hamburger** (m)	[am'burger]
harina (f)	**farina** (f)	[fa'rina]
helado (m)	**gelato** (m)	[dʒe'lato]
hielo (m)	**ghiaccio** (m)	['gjatʃo]
higo (m)	**fico** (m)	['fiko]
hoja (f) de laurel	**alloro** (m)	[al'loro]
huevo (m)	**uovo** (m)	[u'ovo]
huevos (m pl)	**uova** (f pl)	[u'ova]
huevos (m pl) fritos	**uova** (f pl) **al tegamino**	[u'ova al tega'mino]
jamón (m)	**prosciutto** (m)	[pro'ʃutto]
jamón (m) fresco	**prosciutto** (m) **affumicato**	[pro'ʃutto affumi'kato]
jengibre (m)	**zenzero** (m)	['dzendzero]
jugo (m) de tomate	**succo** (m) **di pomodoro**	['sukko di pomo'doro]
kiwi (m)	**kiwi** (m)	['kiwi]
langosta (f)	**aragosta** (f)	[ara'gosta]
leche (f)	**latte** (m)	['latte]
leche (f) condensada	**latte** (m) **condensato**	['latte konden'sato]
lechuga (f)	**lattuga** (f)	[lat'tuga]
legumbres (f pl)	**ortaggi** (m pl)	[or'tadʒi]
lengua (f)	**lingua** (f)	['lingua]
lenguado (m)	**sogliola** (f)	['soʎoʎa]
lenteja (f)	**lenticchie** (f pl)	[len'tikkje]
licor (m)	**liquore** (m)	[li'kwore]
limón (m)	**limone** (m)	[li'mone]
limonada (f)	**limonata** (f)	[limo'nata]
loncha (f)	**fetta** (f), **fettina** (f)	['fetta], [fet'tina]
lucio (m)	**luccio** (m)	['lutʃo]
lucioperca (f)	**lucioperca** (f)	[lutʃo'perka]
maíz (m)	**mais** (m)	['mais]
maíz (m)	**mais** (m)	['mais]
macarrones (m pl)	**pasta** (f)	['pasta]
mandarina (f)	**mandarino** (m)	[manda'rino]

mango (m)	mango (m)	['mango]
mantequilla (f)	burro (m)	['burro]
manzana (f)	mela (f)	['mela]
margarina (f)	margarina (f)	[marga'rina]
marinado (adj)	sottoaceto	[sottoa'tʃeto]
mariscos (m pl)	frutti (m pl) di mare	['frutti di 'mare]
matamoscas (m)	ovolaccio (m)	[ovo'latʃo]
mayonesa (f)	maionese (m)	[majo'neze]
melón (m)	melone (m)	[me'lone]
melocotón (m)	pesca (f)	['peska]
mermelada (f)	marmellata (f) di agrumi	[marmel'lata di a'grumi]
miel (f)	miele (m)	['mjele]
miga (f)	briciola (f)	['britʃola]
mijo (m)	miglio (m)	['miʎʎo]
mini tarta (f)	tortina (f)	[tor'tina]
mondadientes (m)	stuzzicadenti (m)	[stuttsika'denti]
mostaza (f)	senape (f)	[se'nape]
nabo (m)	rapa (f)	['rapa]
naranja (f)	arancia (f)	[a'rantʃa]
nata (f) agria	panna (f) acida	['panna 'atʃida]
nata (f) líquida	panna (f)	['panna]
nuez (f)	noce (f)	['notʃe]
nuez (f) de coco	noce (f) di cocco	['notʃe di 'kokko]
olivas, aceitunas (f pl)	olive (f pl)	[o'live]
oronja (f) verde	fungo (m) moscario	['fungo mos'kario]
ostra (f)	ostrica (f)	['ostrika]
pan (m)	pane (m)	['pane]
papaya (f)	papaia (f)	[pa'paja]
paprika (f)	paprica (f)	['paprika]
pasas (f pl)	uvetta (f)	[u'vetta]
pasteles (m pl)	pasticceria (f)	[pastitʃe'ria]
paté (m)	pâté (m)	[pa'te]
patata (f)	patata (f)	[pa'tata]
pato (m)	anatra (f)	['anatra]
pava (f)	tacchino (m)	[tak'kino]
pedazo (m)	pezzo (m)	['pettso]
pepino (m)	cetriolo (m)	[tʃetri'olo]
pera (f)	pera (f)	['pera]
perca (f)	perca (f)	['perka]
perejil (m)	prezzemolo (m)	[pret'tsemolo]
pescado (m)	pesce (m)	['peʃe]
piña (f)	ananas (m)	[ana'nas]
piel (f)	buccia (f)	['butʃa]
pimienta (f) negra	pepe (m) nero	['pepe 'nero]
pimienta (f) roja	peperoncino (m)	[peperon'tʃino]
pimiento (m) dulce	peperone (m)	[pepe'rone]
pistachos (m pl)	pistacchi (m pl)	[pi'stakki]
pizza (f)	pizza (f)	['pittsa]
platillo (m)	piattino (m)	[pjat'tino]
plato (m)	piatto (m)	['pjatto]
plato (m)	piatto (m)	['pjatto]
pomelo (m)	pompelmo (m)	[pom'pelmo]

porción (f)	**porzione** (f)	[por'tsjone]
postre (m)	**dolce** (m)	['doltʃe]
propina (f)	**mancia** (f)	['mantʃa]
proteínas (f pl)	**proteine** (f pl)	[prote'ine]
pudin (m)	**budino** (m)	[bu'dino]
puré (m) de patatas	**purè** (m) **di patate**	[pu're di pa'tate]
queso (m)	**formaggio** (m)	[for'madʒo]
rábano (m)	**ravanello** (m)	[rava'nello]
rábano (m) picante	**cren** (m)	['kren]
rúsula (f)	**rossola** (f)	['rossola]
rebozuelo (m)	**gallinaccio** (m)	[galli'natʃo]
receta (f)	**ricetta** (f)	[ri'tʃetta]
refresco (m)	**bibita** (f)	['bibita]
regusto (m)	**retrogusto** (m)	[retro'gusto]
relleno (m)	**ripieno** (m)	[ri'pjeno]
remolacha (f)	**barbabietola** (f)	[barba'bjetola]
ron (m)	**rum** (m)	[rum]
sésamo (m)	**sesamo** (m)	[sezamo]
sabor (m)	**gusto** (m)	['gusto]
sabroso (adj)	**buono, gustoso**	[bu'ono], [gu'stozo]
sacacorchos (m)	**cavatappi** (m)	[kava'tappi]
sal (f)	**sale** (m)	['sale]
salado (adj)	**salato**	[sa'lato]
salchichón (m)	**salame** (m)	[sa'lame]
salchicha (f)	**würstel** (m)	['vyrstel]
salmón (m)	**salmone** (m)	[sal'mone]
salmón (m) del Atlántico	**salmone** (m)	[sal'mone]
salsa (f)	**salsa** (f)	['salsa]
sandía (f)	**anguria** (f)	[an'guria]
sardina (f)	**sardina** (f)	[sar'dina]
seco (adj)	**secco**	['sekko]
seta (f)	**fungo** (m)	['fungo]
seta (f) comestible	**fungo** (m) **commestibile**	['fungo komme'stibile]
seta (f) venenosa	**fungo** (m) **velenoso**	['fungo vele'nozo]
seta calabaza (f)	**porcino** (m)	[por'tʃino]
siluro (m)	**pesce** (m) **gatto**	['peʃe 'gatto]
sin alcohol	**analcolico**	[anal'koliko]
sin gas	**liscia, non gassata**	['liʃa], [non gas'sata]
sopa (f)	**minestra** (f)	[mi'nestra]
soya (f)	**soia** (f)	['soja]
té (m)	**tè** (m)	[te]
té (m) negro	**tè** (m) **nero**	[te 'nero]
té (m) verde	**tè** (m) **verde**	[te 'verde]
tallarines (m pl)	**tagliatelle** (f pl)	[taʎʎa'telle]
tarta (f)	**torta** (f)	['torta]
tarta (f)	**crostata** (f)	[kro'stata]
taza (f)	**tazza** (f)	['tattsa]
tenedor (m)	**forchetta** (f)	[for'ketta]
tiburón (m)	**squalo** (m)	['skwalo]
tomate (m)	**pomodoro** (m)	[pomo'doro]
tortilla (f) francesa	**frittata** (f)	[frit'tata]
trigo (m)	**frumento** (m)	[fru'mento]

trucha (f)	trota (f)	['trota]
uva (f)	uva (f)	['uva]
vaso (m)	bicchiere (m)	[bik'kjere]
vegetariano (adj)	vegetariano	[vedʒeta'rjano]
vegetariano (m)	vegetariano (m)	[vedʒeta'rjano]
verduras (f pl)	verdura (f)	[ver'dura]
vermú (m)	vermouth (m)	['vermut]
vinagre (m)	aceto (m)	[a'tʃeto]
vino (m)	vino (m)	['vino]
vino (m) blanco	vino (m) bianco	['vino 'bjanko]
vino (m) tinto	vino (m) rosso	['vino 'rosso]
vitamina (f)	vitamina (f)	[vita'mina]
vodka (m)	vodka (f)	['vodka]
whisky (m)	whisky	['wiski]
yema (f)	tuorlo (m)	[tu'orlo]
yogur (m)	yogurt (m)	['jogurt]
zanahoria (f)	carota (f)	[ka'rota]
zarzamoras (f pl)	mora (f)	['mora]
zumo (m) de naranja	succo (m) d'arancia	['sukko da'rantʃa]
zumo (m) fresco	spremuta (f)	[spre'muta]
zumo (m), jugo (m)	succo (m)	['sukko]

Italiano	Pronuncia	Español
abramide (f)	[a'bramide]	brema (f)
aceto (m)	[a'tʃeto]	vinagre (m)
acqua (f)	['akwa]	agua (f)
acqua (f) minerale	['akwa mine'rale]	agua (f) mineral
acqua (f) potabile	['akwa po'tabile]	agua (f) potable
affumicato	[affumi'kato]	ahumado (adj)
aglio (m)	['aʎʎo]	ajo (m)
agnello (m)	[a'ɲello]	carne (f) de carnero
al cioccolato	[al tʃokko'lato]	de chocolate (adj)
albicocca (f)	[albi'kokka]	albaricoque (m)
albume (m)	[al'bume]	clara (f)
alloro (m)	[al'loro]	hoja (f) de laurel
amarena (f)	[ama'rena]	guinda (f)
amaro	[a'maro]	amargo (adj)
analcolico	[anal'koliko]	sin alcohol
ananas (m)	[ana'nas]	piña (f)
anatra (f)	['anatra]	pato (m)
aneto (m)	[a'neto]	eneldo (m)
anguilla (f)	[an'gwilla]	anguila (f)
anguria (f)	[an'guria]	sandía (f)
anice (m)	['anitʃe]	anís (m)
antipasto (m)	[anti'pasto]	entremés (m)
aperitivo (m)	[aperi'tivo]	aperitivo (m)
appetito (m)	[appe'tito]	apetito (m)
apribottiglie (m)	[apribot'tiʎʎe]	abrebotellas (m)
apriscatole (m)	[apri'skatole]	abrelatas (m)
arachide (f)	[a'rakide]	cacahuete (m)
aragosta (f)	[ara'gosta]	langosta (f)
arancia (f)	[a'rantʃa]	naranja (f)
aringa (f)	[a'ringa]	arenque (m)
asparago (m)	[a'sparago]	espárrago (m)
avena (f)	[a'vena]	avena (f)
avocado (m)	[avo'kado]	aguacate (m)
bacca (f)	['bakka]	baya (f)
bacche (f pl)	['bakke]	bayas (f pl)
banana (f)	[ba'nana]	banana (f)
barbabietola (f)	[barba'bjetola]	remolacha (f)
barista (m)	[ba'rista]	barman (m)
basilico (m)	[ba'ziliko]	albahaca (f)
bevanda (f) analcolica	[be'vanda anal'kolika]	bebida (f) sin alcohol
bevande (f pl) alcoliche	[be'vande al'kolike]	bebidas (f pl) alcohólicas
bibita (f)	['bibita]	refresco (m)
bicchiere (m)	[bik'kjere]	vaso (m)
birra (f)	['birra]	cerveza (f)

birra (f) chiara	['birra 'kjara]	cerveza (f) rubia
birra (f) scura	['birra 'skura]	cerveza (f) negra
biscotti (m pl)	[bi'skotti]	galletas (f pl)
bistecca (f)	[bi'stekka]	bistec (m)
boleto (m) rufo	[bo'leto 'rufo]	boleto (m) castaño
bollito	[bol'lito]	cocido en agua (adj)
briciola (f)	['britʃola]	miga (f)
broccolo (m)	['brokkolo]	brócoli (m)
brodo (m)	['brodo]	caldo (m)
buccia (f)	['butʃa]	piel (f)
budino (m)	[bu'dino]	pudin (m)
Buon appetito!	[bu'on appe'tito]	¡Que aproveche!
buono, gustoso	[bu'ono], [gu'stozo]	sabroso (adj)
burro (m)	['burro]	mantequilla (f)
cacciagione (f)	[katʃa'dʒone]	caza (f) menor
caffè (m)	[kaf'fe]	café (m)
caffè (m) nero	[kaf'fe 'nero]	café (m) solo
caffè (m) solubile	[kaf'fe so'lubile]	café (m) soluble
caffè latte (m)	[kaf'fe 'latte]	café (m) con leche
calamaro (m)	[kala'maro]	calamar (m)
caldo	['kaldo]	caliente (adj)
calice (m)	['kalitʃe]	copa (f) de vino
caloria (f)	[kalo'ria]	caloría (f)
cameriera (f)	[kame'rjera]	camarera (f)
cameriere (m)	[kame'rjere]	camarero (m)
cannella (f)	[kan'nella]	canela (f)
cappuccino (m)	[kappu'tʃino]	capuchino (m)
caramella (f)	[kara'mella]	caramelo (m)
carboidrati (m pl)	[karboi'drati]	carbohidratos (m pl)
carciofo (m)	[kar'tʃofo]	alcachofa (f)
carne (f)	['karne]	carne (f)
carne (f) trita	['karne 'trita]	carne (f) picada
carota (f)	[ka'rota]	zanahoria (f)
carpa (f)	['karpa]	carpa (f)
cavatappi (m)	[kava'tappi]	sacacorchos (m)
caviale (m)	[ka'vjale]	caviar (m)
cavoletti (m pl) di Bruxelles	[kavo'letti di bruk'sel]	col (f) de Bruselas
cavolfiore (m)	[kavol'fjore]	coliflor (f)
cavolo (m)	['kavolo]	col (f)
cena (f)	['tʃena]	cena (f)
cereali (m pl)	[tʃere'ali]	cereales (m pl) integrales
cereali (m pl)	[tʃere'ali]	cereales (m pl)
cetriolo (m)	[tʃetri'olo]	pepino (m)
champagne (m)	[ʃam'paɲ]	champaña (f)
chiodi (m pl) di garofano	['kjodi di ga'rofano]	clavo (m)
cibi (m pl) in scatola	['tʃibi in 'skatola]	conservas (f pl)
cibo (m)	['tʃibo]	comida (f)
ciliegia (f)	[tʃi'ljedʒa]	cereza (f)
cioccolato (m)	[tʃokko'lato]	chocolate (m)
cipolla (f)	[tʃi'polla]	cebolla (f)
cocktail (m)	['koktejl]	cóctel (m)

cognac (m)	['koɲak]	coñac (m)
colazione (f)	[kola'tsjone]	desayuno (m)
coltello (m)	[kol'tello]	cuchillo (m)
con ghiaccio	[kon 'gjatʃo]	con hielo
condimento (m)	[kondi'mento]	condimento (m)
congelato	[kondʒe'lato]	congelado (adj)
coniglio (m)	[ko'niʎʎo]	conejo (m)
conto (m)	['konto]	cuenta (f)
contorno (m)	[kon'torno]	guarnición (f)
coriandolo (m)	[kori'andolo]	cilantro (m)
crema (f)	['krema]	crema (f) de mantequilla
cren (m)	['kren]	rábano (m) picante
crostacei (m pl)	[kro'statʃei]	crustáceos (m pl)
crostata (f)	[kro'stata]	tarta (f)
cucchiaino (m) da tè	[kuk'kjajno da 'te]	cucharilla (f)
cucchiaio (m)	[kuk'kjajo]	cuchara (f)
cucchiaio (m)	[kuk'kjajo]	cuchara (f) de sopa
cucina (f)	[ku'tʃina]	cocina (f)
cumino, comino (m)	[ku'mino], [ko'mino]	comino (m)
dattero (m)	['dattero]	dátil (m)
dieta (f)	[di'eta]	dieta (f)
dolce	['doltʃe]	azucarado, dulce (adj)
dolce (m)	['doltʃe]	postre (m)
fagiolo (m)	[fa'dʒolo]	fréjol (m)
farina (f)	[fa'rina]	harina (f)
fave (f pl)	['fave]	habas (f pl)
fegato (m)	['fegato]	hígado (m)
fetta (f), fettina (f)	['fetta], [fet'tina]	loncha (f)
fico (m)	['fiko]	higo (m)
fiocchi (m pl) di mais	['fjokki di 'mais]	copos (m pl) de maíz
forchetta (f)	[for'ketta]	tenedor (m)
formaggio (m)	[for'madʒo]	queso (m)
fragola (f)	['fragola]	fresa (f)
fragola (f) di bosco	['fragola di 'bosko]	fresa (f) silvestre
freddo	['freddo]	frío (adj)
frittata (f)	[frit'tata]	tortilla (f) francesa
fritto	['fritto]	frito (adj)
frizzante	[frid'dzante]	con gas
frullato (m)	[frul'lato]	batido (m)
frumento (m)	[fru'mento]	trigo (m)
frutti (m pl)	['frutti]	frutos (m pl)
frutti (m pl) di mare	['frutti di 'mare]	mariscos (m pl)
frutto (m)	['frutto]	fruto (m)
fungo (m)	['fungo]	seta (f)
fungo (m) commestibile	['fungo komme'stibile]	seta (f) comestible
fungo (m) moscario	['fungo mos'kario]	oronja (f) verde
fungo (m) velenoso	['fungo vele'nozo]	seta (f) venenosa
gallinaccio (m)	[galli'natʃo]	rebozuelo (m)
gamberetto (m)	[gambe'retto]	camarón (m)
gassata	[gas'sata]	gaseoso (adj)
gelato (m)	[dʒe'lato]	helado (m)
ghiaccio (m)	['gjatʃo]	hielo (m)

gin (m)	[dʒin]	ginebra (f)
gomma (f) da masticare	['gomma da masti'kare]	chicle (m)
granchio (m)	['graŋkio]	cangrejo (m) de mar
grano (m)	['grano]	grano (m)
grano (m) saraceno	['grano sara'ʧeno]	alforfón (m)
grassi (m pl)	['grassi]	grasas (f pl)
gusto (m)	['gusto]	sabor (m)
hamburger (m)	[am'burger]	hamburguesa (f)
insalata (f)	[insa'lata]	ensalada (f)
ippoglosso (m)	[ippo'glosso]	fletán (m)
kiwi (m)	['kiwi]	kiwi (m)
lampone (m)	[lam'pone]	frambuesa (f)
latte (m)	['latte]	leche (f)
latte (m) condensato	['latte konden'sato]	leche (f) condensada
lattuga (f)	[lat'tuga]	lechuga (f)
lenticchie (f pl)	[len'tikkje]	lenteja (f)
limonata (f)	[limo'nata]	limonada (f)
limone (m)	[li'mone]	limón (m)
lingua (f)	['lingua]	lengua (f)
liquore (m)	[li'kwore]	licor (m)
liscia, non gassata	['liʃa], [non gas'sata]	sin gas
lista (f) dei vini	['lista 'dei 'vini]	carta (f) de vinos
luccio (m)	['luʧo]	lucio (m)
lucioperca (f)	[luʧo'perka]	lucioperca (f)
maiale (m)	[ma'jale]	carne (f) de cerdo
maionese (m)	[majo'neze]	mayonesa (f)
mais (m)	['mais]	maíz (m)
mais (m)	['mais]	maíz (m)
mancia (f)	['manʧa]	propina (f)
mandarino (m)	[manda'rino]	mandarina (f)
mandorla (f)	['mandorla]	almendra (f)
mango (m)	['mango]	mango (m)
manzo (m)	['manʣo]	carne (f) de vaca
margarina (f)	[marga'rina]	margarina (f)
marmellata (f)	[marmel'lata]	confitura (f)
marmellata (f)	[marmel'lata]	confitura (f)
marmellata (f) di agrumi	[marmel'lata di a'grumi]	mermelada (f)
mela (f)	['mela]	manzana (f)
melagrana (f)	[mela'grana]	granada (f)
melanzana (f)	[melan'tsana]	berenjena (f)
melone (m)	[me'lone]	melón (m)
menù (m)	[me'nu]	carta (f), menú (m)
merluzzo (m)	[mer'luttso]	bacalao (m)
miele (m)	['mjele]	miel (f)
miglio (m)	['miʎʎo]	mijo (m)
minestra (f)	[mi'nestra]	sopa (f)
mirtillo (m)	[mir'tillo]	arándano (m)
mirtillo (m) di palude	[mir'tillo di pa'lude]	arándano (m) agrio
mirtillo (m) rosso	[mir'tillo 'rosso]	arándano (m) rojo
mora (f)	['mora]	zarzamoras (f pl)
nocciola (f)	[no'ʧola]	avellana (f)
noce (f)	['noʧe]	nuez (f)

noce (f) di cocco	['notʃe di 'kokko]	nuez (f) de coco
oca (f)	['oka]	ganso (m)
olio (m) d'oliva	['oljo do'liva]	aceite (m) de oliva
olio (m) di girasole	['oljo di dʒira'sole]	aceite (m) de girasol
olio (m) vegetale	['oljo vedʒe'tale]	aceite (m) vegetal
olive (f pl)	[o'live]	olivas, aceitunas (f pl)
ortaggi (m pl)	[or'tadʒi]	legumbres (f pl)
orzo (m)	['ortso]	cebada (f)
ostrica (f)	['ostrika]	ostra (f)
ovolaccio (m)	[ovo'latʃo]	matamoscas (m)
pâté (m)	[pa'te]	paté (m)
pancetta (f)	[pan'tʃetta]	beicon (m)
pane (m)	['pane]	pan (m)
panino (m)	[pa'nino]	bocadillo (m)
panna (f)	['panna]	nata (f) líquida
panna (f) acida	['panna 'atʃida]	nata (f) agria
papaia (f)	[pa'paja]	papaya (f)
paprica (f)	['paprika]	paprika (f)
pasta (f)	['pasta]	macarrones (m pl)
pasticceria (f)	[pastitʃe'ria]	pasteles (m pl)
patata (f)	[pa'tata]	patata (f)
pepe (m) nero	['pepe 'nero]	pimienta (f) negra
peperoncino (m)	[peperon'tʃino]	pimienta (f) roja
peperone (m)	[pepe'rone]	pimiento (m) dulce
pera (f)	['pera]	pera (f)
perca (f)	['perka]	perca (f)
pesca (f)	['peska]	melocotón (m)
pesce (m)	['peʃe]	pescado (m)
pesce (m) gatto	['peʃe 'gatto]	siluro (m)
pezzo (m)	['pettso]	pedazo (m)
piattino (m)	[pjat'tino]	platillo (m)
piatto (m)	['pjatto]	plato (m)
piatto (m)	['pjatto]	plato (m)
pisello (m)	[pi'zello]	guisante (m)
pistacchi (m pl)	[pi'stakki]	pistachos (m pl)
pizza (f)	['pittsa]	pizza (f)
pollo (m)	['pollo]	gallina (f)
pomodoro (m)	[pomo'doro]	tomate (m)
pompelmo (m)	[pom'pelmo]	pomelo (m)
porcinello (m)	[portʃi'nello]	boleto (m) áspero
porcino (m)	[por'tʃino]	seta calabaza (f)
porridge (m)	[por'ridʒe]	gachas (f pl)
porzione (f)	[por'tsjone]	porción (f)
pranzo (m)	['prantso]	almuerzo (m)
prezzemolo (m)	[pret'tsemolo]	perejil (m)
prosciutto (m)	[pro'ʃutto]	jamón (m)
prosciutto (m) affumicato	[pro'ʃutto affumi'kato]	jamón (m) fresco
proteine (f pl)	[prote'ine]	proteínas (f pl)
prugna (f)	['pruɲa]	ciruela (f)
pub (m), bar (m)	[pab], [bar]	bar (m)
purè (m) di patate	[pu're di pa'tate]	puré (m) de patatas
rapa (f)	['rapa]	nabo (m)

ravanello (m)	[rava'nello]	rábano (m)
retrogusto (m)	[retro'gusto]	regusto (m)
ribes (m) nero	['ribes 'nero]	grosella (f) negra
ribes (m) rosso	['ribes 'rosso]	grosella (f) roja
ricetta (f)	[ri'tʃetta]	receta (f)
ripieno (m)	[ri'pjeno]	relleno (m)
riso (m)	['rizo]	arroz (m)
rossola (f)	['rossola]	rúsula (f)
rum (m)	[rum]	ron (m)
salame (m)	[sa'lame]	salchichón (m)
salato	[sa'lato]	salado (adj)
sale (m)	['sale]	sal (f)
salmone (m)	[sal'mone]	salmón (m)
salmone (m)	[sal'mone]	salmón (m) del Atlántico
salsa (f)	['salsa]	salsa (f)
sardina (f)	[sar'dina]	sardina (f)
scombro (m)	['skombro]	caballa (f)
secco	['sekko]	seco (adj)
sedano (m)	['sedano]	apio (m)
segale (f)	['segale]	centeno (m)
senape (f)	[se'nape]	mostaza (f)
sesamo (m)	[sezamo]	sésamo (m)
sogliola (f)	['soʎoʎa]	lenguado (m)
soia (f)	['soja]	soya (f)
sottoaceto	[sottoa'tʃeto]	marinado (adj)
spaghetti (m pl)	[spa'getti]	espagueti (m)
spezie (f pl)	['spetsie]	especia (f)
spiga (f)	['spiga]	espiga (f)
spinaci (m pl)	[spi'natʃi]	espinaca (f)
spremuta (f)	[spre'muta]	zumo (m) fresco
spugnola (f)	['spuɲola]	colmenilla (f)
squalo (m)	['skwalo]	tiburón (m)
storione (m)	[sto'rjone]	esturión (m)
stuzzicadenti (m)	[stuttsika'denti]	mondadientes (m)
succo (m)	['sukko]	zumo (m), jugo (m)
succo (m) d'arancia	['sukko da'rantʃa]	zumo (m) de naranja
succo (m) di pomodoro	['sukko di pomo'doro]	jugo (m) de tomate
tè (m)	[te]	té (m)
tè (m) nero	[te 'nero]	té (m) negro
tè (m) verde	[te 'verde]	té (m) verde
tacchino (m)	[tak'kino]	pava (f)
tagliatelle (f pl)	[taʎʎa'telle]	tallarines (m pl)
tazza (f)	['tattsa]	taza (f)
tonno (m)	['tonno]	atún (m)
torta (f)	['torta]	tarta (f)
tortina (f)	[tor'tina]	mini tarta (f)
trota (f)	['trota]	trucha (f)
tuorlo (m)	[tu'orlo]	yema (f)
uova (f pl)	[u'ova]	huevos (m pl)
uova (f pl) al tegamino	[u'ova al tega'mino]	huevos (m pl) fritos
uovo (m)	[u'ovo]	huevo (m)
uva (f)	['uva]	uva (f)

uva (f) spina	['uva 'spina]	grosella (f) espinosa
uvetta (f)	[u'vetta]	pasas (f pl)
vegetariano	[vedʒeta'rjano]	vegetariano (adj)
vegetariano (m)	[vedʒeta'rjano]	vegetariano (m)
verdura (f)	[ver'dura]	verduras (f pl)
vermouth (m)	['vermut]	vermú (m)
vino (m)	['vino]	vino (m)
vino (m) bianco	['vino 'bjanko]	vino (m) blanco
vino (m) rosso	['vino 'rosso]	vino (m) tinto
vitamina (f)	[vita'mina]	vitamina (f)
vitello (m)	[vi'tello]	carne (f) de ternera
vodka (f)	['vodka]	vodka (m)
würstel (m)	['vyrstel]	salchicha (f)
wafer (m)	['vafer]	gofre (m)
whisky	['wiski]	whisky (m)
yogurt (m)	['jogurt]	yogur (m)
zafferano (m)	[dzaffe'rano]	azafrán (m)
zenzero (m)	['dzendzero]	jengibre (m)
zucca (f)	['dzukka]	calabaza (f)
zucchero (m)	['dzukkero]	azúcar (m)
zucchina (f)	[dzuk'kina]	calabacín (m)